Sabor Verde

Un Recetario Basado en Plantas

María Gómez

Indice

Arroz Integral con Verduras y Tofu 10

Avena básica con amaranto 12

. Pan de maíz con espinacas 14

Arroz con leche con grosellas 16

Mijo con pasas 18

Gachas De Quinua Con Higos Secos 21

Budín De Pan Con Pasas 23

ensalada de bulgur 25

Granos de centeno con cobertura de arándanos 27

Gachas de coco con sorgo 29

Arroz Aromático de Papá 31

Granos salados para el uso diario 33

ensalada de cebada griega 35

Gachas de maíz dulce fáciles 37

Tenemos muffins de mijo 39

arroz integral con jengibre 41

Gachas dulces "sémola" 43

Cuenco Freekeh con higos secos 45

Harina de maíz con sirope de arce 48

arroz mediterráneo 50

Tortitas de bulgur con sorpresa 52

Gachas de chocolate y centeno 54

Auténtica comida africana Mielie 56

Gachas de teff con higos secos 58

budín de pan decadente con albaricoques 61

Arroz con Chipotle y Cilantro 63

Gachas de avena con almendras 65

Un cuenco aromático de mijo 67

Cuenco Harissa Bulgur 69

Pudín de quinua y coco 72

risotto con champiñones cremini 74

Risotto colorido con verduras 76

sémola de amaranto con nueces 78

Pilaf de cebada con setas silvestres 80

Muffins de pan de maíz dulce 82

Arroz con Leche Aromático con Higos Secos 85

guiso de quinua 87

Un plato de sorgo con almendras. 89

Muffins de bulgur con pasas 91

pilaf a la antigua usanza 93

Ensalada Freekeh con Za'atar 95

sopa de verduras con amaranto 97

Polenta con champiñones y garbanzos 100

Ensalada de teff con aguacate y frijoles 102

Avena nocturna con nueces 104

bolas energéticas de zanahoria 106

Barritas crujientes de batata 108

Zanahorias baby glaseadas al horno 110

chips de col rizada al horno 112

Salsa de anacardos y queso 114

Dip de hummus con pimienta 116

mutabal libanés tradicional 119

Garbanzos asados a la india 121

Aguacate Con Salsa Tahini 123

Patata de boniato 125

Dip de tomate y pimiento asado 127

mezcla de fiesta clásica 129

Crostini con ajo y aceite de oliva 131

Albóndigas veganas clásicas 132

Chirivías asadas con balsámico 134

baba ganush tradicional 137

Trozos de mantequilla de maní 139

Salsa de coliflor asada 140

Rollitos de calabacín fáciles 142

papas fritas chipotle 144

Salsa de frijoles cannellini 146

Coliflor al horno con especias 148

toum libanés fácil 151

Aguacate Con Salsa Picante De Jengibre 153

Mezcla de snack de garbanzos 155

Salsa muhammara con sorpresa 157

Crostini con espinacas, garbanzos y ajo 159

"Albóndigas" con champiñones y judías cannellini 162

Rollitos de pepino con hummus 164

Bocaditos de jalapeño rellenos 165

aros de cebolla mexicanos 167

Verduras de raíz asadas 169

hummus estilo indio 171

Dip de zanahoria y frijoles horneados 173

Sushi de calabacín fácil y rápido 175

Tomates Cherry Con Hummus 177

champiñones al horno 179

chips de col rizada con queso 182

Barquitos de aguacate con hummus 184

Champiñones Rellenos De Nachos 186

Wraps de lechuga con hummus y aguacate 188

Coles de Bruselas asadas 190

Poppers de camote poblano 192

Chips de calabacín al horno 194

auténtica salsa libanesa 196

Albóndigas de avena veganas 198

Barcos de pimiento con salsa de mango 200

Floretes de brócoli picantes con romero 202

Chips crujientes de remolacha al horno 204

Salsa de hierbas para el Día de Acción de Gracias 206

Especias de pepinillo de la abuela 208

Chutney de manzana y arándanos 210

Mantequilla De Manzana Casera 212

mantequilla de maní casera 214

Crema de pimientos asados 216

Arroz Integral con Verduras y Tofu

(Listo en unos 45 minutos | 4 porciones)

Por porción: Calorías: 410; Grasa: 13,2 g; Carbohidratos: 60 g; Proteínas: 14,3 g

Ingredientes

4 cucharaditas de semillas de sésamo

2 tallos de ajetes tiernos, picados

1 taza de cebollino picado

1 zanahoria, picada y en rodajas

1 rodaja de apio

1/4 taza de vino blanco seco

10 onzas de tofu, cortado en cubitos

1 ½ tazas de arroz integral de grano largo, bien enjuagado

2 cucharadas de salsa de soja

2 cucharadas de tahini

1 cucharada de jugo de limón

Direcciones

En un wok o una olla grande, calienta 2 cucharaditas de aceite de sésamo a fuego medio. Ahora cocine el ajo, la cebolla, la zanahoria y el apio durante unos 3 minutos, revolviendo periódicamente para asegurar una cocción uniforme.

Agrega el vino para desglasar la sartén y mueve las verduras a un lado del wok. Agrega el aceite de sésamo restante y fríe el tofu durante 8 minutos, revolviendo ocasionalmente.

Hierva 2 ½ tazas de agua a fuego medio. Llevar a ebullición y cocinar el arroz durante unos 30 minutos o hasta que esté tierno; licuar el arroz y mezclar con la salsa de soja y el tahini.

Agrega las verduras y el tofu al arroz caliente; agregue un poco de jugo de limón fresco y sirva caliente. ¡Disfrutar!

Avena básica con amaranto

(Listo en unos 35 minutos | 4 porciones)

Por porción: Calorías: 261; Grasa: 4,4 g; Carbohidratos: 49 g; Proteínas: 7,3g

Ingredientes

3 tazas de agua

1 taza de amaranto

1/2 taza de leche de coco

4 cucharadas de sirope de agave

Una pizca de sal kosher

Una pizca de nuez moscada rallada

Direcciones

Hierva el agua a fuego medio; agregue el amaranto y deje hervir.

Cocine por unos 30 minutos, revolviendo ocasionalmente para evitar que el amaranto se pegue al fondo de la olla.

Agregue los ingredientes restantes y continúe cocinando durante 1 a 2 minutos más hasta que estén bien cocidos. ¡Disfrutar!

. Pan de maíz con espinacas

(Listo en unos 50 minutos | 8 porciones)

Por porción: Calorías: 282; Grasa: 15,4 g; Carbohidratos: 30 g; Proteínas: 4,6g

Ingredientes

1 cucharada de linaza

1 harina multiuso

1 taza de harina de maíz amarillo

1/2 cucharadita de bicarbonato de sodio

1/2 cucharadita de polvo para hornear

1 cucharadita de sal kosher

1 cucharadita de azúcar moreno

Una pizca de nuez moscada rallada

1 ¼ tazas de leche de avena sin azúcar

1 cucharadita de vinagre blanco

1/2 taza de aceite de oliva

2 tazas de espinacas, cortadas en trozos

Direcciones

Comience precalentando el horno a 420 grados F. Ahora rocíe una bandeja para hornear con aceite en aerosol antiadherente.

Para hacer huevos de linaza, mezcle las semillas de linaza con 3 cucharadas de agua. Mezclar y dejar actuar unos 15 minutos.

En un bol, mezcle bien la harina, la harina de maíz, el bicarbonato de sodio, el polvo para hornear, la sal, el azúcar y la nuez moscada rallada.

Agrega poco a poco el huevo de lino, la leche de avena, el vinagre y el aceite de oliva, revolviendo constantemente para evitar grumos. Luego agrega las espinacas.

Vierta la mezcla en la bandeja para hornear preparada. Hornea el pan de maíz durante unos 25 minutos o hasta que al insertar un probador en el centro, éste salga seco y limpio.

Déjelo reposar durante unos 10 minutos antes de cortarlo y servirlo. ¡Disfrutar!

Arroz con leche con grosellas

(Listo en unos 45 minutos | 4 porciones)

Por porción: Calorías: 423; Grasa: 5,3 g; Carbohidratos: 85 g; Proteínas: 8,8g

Ingredientes

1 ½ tazas de agua

1 taza de arroz blanco

2 ½ tazas de leche de avena, cantidad dividida

1/2 taza de azúcar blanca

pizca de sal

Una pizca de nuez moscada rallada

1 cucharadita de canela molida

1/2 cucharadita de extracto de vainilla

1/2 taza de grosellas secas

Direcciones

En una olla, hierva agua a fuego medio. Sube inmediatamente el fuego, agrega el arroz y cocina por unos 20 minutos.

Agrega la leche, el azúcar y las especias y continúa cocinando por otros 20 minutos, revolviendo constantemente para evitar que el arroz se pegue a la olla.

Decorar con grosellas secas y servir a temperatura ambiente. ¡Disfrutar!

Mijo con pasas

(Listo en unos 25 minutos | 3 porciones)

Por porción: Calorías: 353; Grasa: 5,5 g; Hidratos de carbono: 65,2 g; Proteínas: 9,8g

Ingredientes

1 taza de agua

1 taza de leche de coco

1 taza de mijo, enjuagado

1/4 cucharadita de nuez moscada rallada

1/4 cucharadita de canela molida

1 cucharadita de pasta de vainilla

1/4 cucharadita de sal kosher

2 cucharadas de sirope de agave

4 cucharadas de pasas sultanas

Direcciones

Coloca en una cacerola agua, leche, mijo, nuez moscada, canela, vainilla y sal; llevar a ebullición.

Coloca el fuego a fuego lento y deja que hierva a fuego lento durante unos 20 minutos; Revuelva el mijo con un tenedor y vierta en tazones separados.

Servir con sirope de agave y pasas. ¡Disfrutar!

Gachas De Quinua Con Higos Secos

(Listo en unos 25 minutos | 3 porciones)

Por porción: Calorías: 414; Grasa: 9 g; Hidratos de carbono: 71,2 g; Proteínas: 13,8g

Ingredientes

1 taza de quinua blanca, enjuagada

2 tazas de leche de almendras

4 cucharadas de azúcar moreno

pizca de sal

1/4 cucharadita de nuez moscada rallada

1/2 cucharadita de canela molida

1/2 cucharadita de extracto de vainilla

1/2 taza de higos secos, picados

Direcciones

Coloca en un cazo la quinoa, la leche de almendras, el azúcar, la sal, la nuez moscada, la canela y el extracto de vainilla.

Llevar a ebullición a temperatura media. Coloca el fuego a fuego lento y deja que hierva a fuego lento durante unos 20 minutos; triturar con un tenedor.

Dividir en tres tazones y decorar con higos secos. ¡Disfrutar!

Budín De Pan Con Pasas

(Listo en aproximadamente 1 hora | 4 porciones)

Por porción: Calorías: 474; Grasa: 12,2 g; Carbohidratos: 72 g; Proteínas: 14,4 g

Ingredientes

4 tazas de pan del día anterior, cortado en cubitos

1 taza de azúcar moreno

4 tazas de leche de coco

1/2 cucharadita de extracto de vainilla

1 cucharadita de canela molida

2 cucharadas de ron.

1/2 taza de pasas

Direcciones

Comience precalentando el horno a 360 grados F. Engrase ligeramente la sartén con aceite en aerosol antiadherente.

Agrega el pan en cubos a la cazuela preparada.

Mezclar bien en un bol el azúcar, la leche, la vainilla, la canela, el ron y las pasas. Vierta la nata uniformemente sobre los cubos de pan.

Déjalo en remojo durante unos 15 minutos.

Hornee en el horno precalentado durante unos 45 minutos o hasta que la parte superior esté dorada y firme. ¡Disfrutar!

ensalada de bulgur

(Listo en unos 25 minutos | 4 porciones)

Por porción: Calorías: 359; Grasa: 15,5 g; Hidratos de carbono: 48,1 g; Proteínas: 10,1g

Ingredientes

1 taza de bulgur

1 ½ tazas de caldo de verduras

1 cucharadita de sal marina

1 cucharadita de jengibre fresco picado

4 cucharadas de aceite de oliva

1 cebolla picada

8 onzas de garbanzos enlatados, escurridos

2 pimientos asados grandes, rebanados

2 cucharadas de perejil fresco picado

Direcciones

En una olla honda hervir el caldo con el bulgur y las verduras; cocine tapado durante 12 a 13 minutos.

Dejar reposar durante unos 10 minutos y esponjar con un tenedor.

Agrega los ingredientes restantes al bulgur cocido; servir a temperatura ambiente o frío. ¡Disfrutar!

Granos de centeno con cobertura de arándanos

(Listo en unos 15 minutos | 3 porciones)

Por porción: Calorías: 359; Grasa: 11 g; Hidratos de carbono: 56,1 g; Proteínas: 12,1 g

Ingredientes

1 taza de hojuelas de centeno

1 taza de agua

1 taza de leche de coco

1 taza de bayas frescas

1 cucharada de aceite de coco

6 dátiles sin semillas

Direcciones

Agrega los copos de centeno, el agua y la leche de coco a una olla profunda; Llevar a ebullición a temperatura media. Baje el fuego a bajo y cocine de 5 a 6 minutos.

En una licuadora o procesador de alimentos, licúa los arándanos con el aceite de coco y los dátiles.

Sirve en tres tazones y decora con frutos rojos.

¡Disfrutar!

Gachas de coco con sorgo

(Listo en unos 15 minutos | 2 porciones)

Por porción: Calorías: 289; Grasa: 5,1 g; Hidratos de carbono: 57,8 g; Proteínas: 7,3g

Ingredientes

1/2 taza de sorgo

1 taza de agua

1/2 taza de leche de coco

1/4 cucharadita de nuez moscada rallada

1/4 cucharadita de clavo molido

1/2 cucharadita de canela molida

Sal kosher al gusto

2 cucharadas de sirope de agave

2 cucharadas de hojuelas de coco

Direcciones

Coloque el sorgo, el agua, la leche, la nuez moscada, el clavo, la canela y la sal kosher en una olla; cocine por unos 15 minutos.

Vierta la avena en tazones. Vierta todo con sirope de agave y hojuelas de coco. ¡Disfrutar!

Arroz Aromático de Papá

(Listo en unos 20 minutos | 4 porciones)

Por porción: Calorías: 384; Grasa: 11,4 g; Carbohidratos: 60,4 g; Proteínas: 8,3 g

Ingredientes

3 cucharadas de aceite de oliva

1 cucharadita de ajo picado

1 cucharadita de orégano seco

1 cucharadita de romero seco

1 hoja de laurel

1 ½ tazas de arroz blanco

2 ½ tazas de caldo de verduras

Sal marina y pimienta de cayena al gusto

Direcciones

Calienta el aceite de oliva en una olla a fuego moderadamente alto. Agrega el ajo, el orégano, el romero y la hoja de laurel; cocine durante aproximadamente 1 minuto o hasta que esté fragante.

Agrega el arroz y el caldo. Llevar a ebullición; hierva el fuego inmediatamente.

Cocina por unos 15 minutos o hasta que se absorba todo el líquido. Revuelva el arroz con un tenedor, sazone con sal y pimienta y sirva inmediatamente.

¡Disfrutar!

Granos salados para el uso diario

(Listo en unos 35 minutos | 4 porciones)

Por porción: Calorías: 238; Grasa: 6,5 g; Hidratos de carbono: 38,7 g; Proteína: 3,7 g

Ingredientes

2 cucharadas de mantequilla vegana

1 cebolla dulce, picada

1 cucharadita de ajo picado

4 tazas de agua

1 taza de grañones

Sal marina y pimienta de cayena al gusto

Direcciones

Derrita la mantequilla vegana en una cacerola a fuego medio. Una vez caliente, cocina la cebolla durante unos 3 minutos o hasta que esté suave.

Agrega el ajo y continúa cocinando por otros 30 segundos o hasta que esté fragante; libro.

Lleva el agua a ebullición a fuego moderadamente alto. Agrega la sémola, la sal y la pimienta. Lleva el fuego a ebullición, tapa y continúa cocinando durante unos 30 minutos o hasta que esté bien cocido.

Agrega la mezcla de salteado y sirve caliente. ¡Disfrutar!

ensalada de cebada griega

(Listo en unos 35 minutos | 4 porciones)

Por porción: Calorías: 378; Grasa: 15,6 g; Carbohidratos: 50 g; Proteínas: 10,7 g

Ingredientes

1 taza de granos de cebada

2 ¾ tazas de caldo de verduras

2 cucharadas de vinagre de manzana

4 cucharadas de aceite de oliva virgen extra

2 pimientos, sin semillas y cortados en cubitos

1 chalota, picada

2 onzas de tomates secados al sol en aceite, picados

1/2 aceitunas verdes, sin semillas y en rodajas

2 cucharadas de cilantro fresco, picado

Direcciones

Hierva la cebada y el caldo a fuego medio; Ahora hierva el fuego.

Continúe cocinando a fuego lento durante unos 30 minutos hasta que se absorba todo el líquido; triturar con un tenedor.

Mezclar la cebada con vinagre, aceite de oliva, pimientos, chalotas, tomates secos y aceitunas; revuelva para combinar bien.

Adorne con cilantro fresco y sirva a temperatura ambiente o frío. ¡Disfrutar!

Gachas de maíz dulce fáciles

(Listo en unos 15 minutos | 2 porciones)

Por porción: Calorías: 278; Grasa: 12,7 g; Hidratos de carbono: 37,2 g; Proteína: 3g

Ingredientes

2 tazas de agua

1/2 taza de harina de maíz

1/4 cucharadita de pimienta de Jamaica molida

1/4 cucharadita de sal

2 cucharadas de azúcar moreno

2 cucharadas de mantequilla de almendras

Direcciones

Hervir agua en una olla; luego agregue gradualmente la maicena y deje hervir.

Agrega la pimienta de Jamaica y la sal. Cocine por 10 minutos.

Agregue el azúcar moreno y la mantequilla de almendras y mezcle suavemente para combinar. ¡Disfrutar!

Tenemos muffins de mijo.

(Listo en unos 20 minutos | 8 porciones)

Por porción: Calorías: 367; Grasa: 15,9 g; Hidratos de carbono: 53,7 g; Proteína: 6,5 g

Ingredientes

2 tazas de harina integral

1/2 taza de mijo

2 cucharadas de polvo para hornear

1/2 cucharadita de sal

1 taza de leche de coco

1/2 taza de aceite de coco derretido

1/2 taza de néctar de agave

1/2 cucharadita de canela molida

1/4 cucharadita de clavo molido

Una pizca de nuez moscada rallada

1/2 taza de orejones, picados

Direcciones

Comience precalentando el horno a 400 grados F. Engrase ligeramente un molde para muffins con aceite antiadherente.

Mezclar todos los ingredientes secos en un bol. En un recipiente aparte, mezcle los ingredientes húmedos. Agrega la mezcla de leche a la mezcla de harina; mezcle hasta que esté uniformemente húmedo y no mezcle demasiado la masa.

Incorpora los albaricoques y raspa la masa en los moldes para muffins preparados.

Hornea los muffins en el horno precalentado durante unos 15 minutos o hasta que al insertar un probador en el centro del muffin salga seco y limpio.

Deje reposar sobre una rejilla durante 10 minutos antes de desmoldar y servir. ¡Disfrutar!

arroz integral con jengibre

(Listo en unos 30 minutos | 4 porciones)

Por porción: Calorías: 318; Grasa: 8,8 g; Hidratos de carbono: 53,4 g; Proteínas: 5,6g

Ingredientes

1 ½ tazas de arroz integral, enjuagado

2 cucharadas de aceite de oliva

1 cucharadita de ajo picado

1 trozo (1 pulgada) de jengibre, pelado y picado

1/2 cucharadita de semillas de comino

Sal marina y pimienta negra molida al gusto.

Direcciones

Coloque el arroz integral en una olla y cúbralo con 2 pulgadas de agua fría. Llevar a ebullición.

Reduzca el fuego y continúe cocinando durante unos 30 minutos o hasta que estén tiernos.

Calienta el aceite de oliva en una sartén a fuego medio. Una vez calientes, cocine las semillas de ajo, jengibre y comino hasta que estén fragantes.

Agrega la mezcla de jengibre y ajo al arroz caliente; Sazona con sal y pimienta y sirva inmediatamente. ¡Disfrutar!

Gachas dulces "sémola"

(Listo en unos 20 minutos | 4 porciones)

Por porción: Calorías: 380; Grasa: 11,1 g; Carbohidratos: 59 g; Proteínas: 14,4 g

Ingredientes

1 ½ tazas de avena, remojada durante la noche

1 taza de leche de almendras

2 tazas de agua

Una pizca de nuez moscada rallada

Una pizca de clavo molido

una pizca de sal marina

4 cucharadas de almendras picadas

6 dátiles, deshuesados y picados

6 ciruelas picadas

Direcciones

Hervir la avena, la leche de almendras y el agua en una olla honda.

Agrega nuez moscada, clavo y sal. Reduzca inmediatamente el fuego a fuego lento, cubra y continúe cocinando durante unos 15 minutos o hasta que estén tiernos.

Luego coloque los granos en cuatro tazones; espolvorear con almendras, dátiles y ciruelas pasas.

¡Disfrutar!

Cuenco Freekeh con higos secos

(Listo en unos 35 minutos | 2 porciones)

Por porción: Calorías: 458; Grasa: 6,8 g; Carbohidratos: 90 g; Proteínas: 12,4 g

Ingredientes

1/2 taza de freekeh, remojado durante 30 minutos, escurrido

1 1/3 tazas de leche de almendras

1/4 cucharadita de sal marina

1/4 cucharadita de clavo molido

1/4 cucharadita de canela molida

4 cucharadas de sirope de agave

2 onzas de higos secos, picados

Direcciones

Coloca el freekeh, la leche, la sal marina, el clavo molido y la canela en una cacerola. Llevar a ebullición a temperatura media.

Aumente inmediatamente el fuego y cocine durante 30 a 35 minutos, revolviendo ocasionalmente para facilitar una cocción uniforme.

Agrega el sirope de agave y los higos. Sirve la avena en tazones separados y sirve. ¡Disfrutar!

Harina de maíz con sirope de arce

(Listo en unos 20 minutos | 4 porciones)

Por porción: Calorías: 328; Grasa: 4,8 g; Hidratos de carbono: 63,4 g; Proteínas: 6,6g

Ingredientes

2 tazas de agua

2 tazas de leche de almendras

1 rama de canela

1 vaina de vainilla

1 taza de harina de maíz amarillo

1/2 taza de jarabe de arce

Direcciones

Hervir agua y leche de almendras en una olla. Agrega la ramita de canela y la vaina de vainilla.

Agrega poco a poco la maicena, revolviendo constantemente; reducir el calor. Déjalo cocinar durante unos 15 minutos.

Rocíe la avena con jarabe de arce y sirva caliente. ¡Disfrutar!

arroz mediterráneo

(Listo en unos 20 minutos | 4 porciones)

Por porción: Calorías: 403; Grasa: 12 g; Hidratos de carbono: 64,1 g; Proteínas: 8,3 g

Ingredientes

3 cucharadas de mantequilla vegana, a temperatura ambiente

4 cucharadas de cebollino picado

2 dientes de ajo picados

1 hoja de laurel

1 ramita de tomillo, picado

1 ramita de romero picado

1 ½ tazas de arroz blanco

2 tazas de caldo de verduras

1 tomate grande, puré

Sal marina y pimienta negra molida al gusto.

2 onzas de aceitunas Kalamata, sin hueso y en rodajas

Direcciones

Derrita la mantequilla vegana en una cacerola a fuego moderadamente alto. Cocine las cebolletas durante unos 2 minutos o hasta que se ablanden.

Agregue el ajo, la hoja de laurel, el tomillo y el romero y cocine durante aproximadamente 1 minuto o hasta que esté fragante.

Agrega el arroz, el caldo y el puré de tomate. Llevar a ebullición; hierva el fuego inmediatamente.

Cocina por unos 15 minutos o hasta que se absorba todo el líquido. Espolvorea el arroz con un tenedor, sazona con sal y pimienta y decora con aceitunas; servir inmediatamente.

¡Disfrutar!

Tortitas de bulgur con sorpresa

(Listo en unos 50 minutos | 4 porciones)

Por porción: Calorías: 414; Grasa: 21,8 g; Hidratos de carbono: 51,8 g; Proteína: 6,5 g

Ingredientes

1/2 taza de harina de trigo bulgur

1/2 taza de harina de almendras

1 cucharadita de bicarbonato de sodio

1/2 cucharadita de sal marina fina

1 taza de leche de coco entera

1/2 cucharadita de canela molida

1/4 cucharadita de clavo molido

4 cucharadas de aceite de coco

1/2 taza de jarabe de arce

1 plátano grande, en rodajas

Direcciones

En un bol, mezcle bien la harina, el bicarbonato de sodio, la sal, la leche de coco, la canela y el clavo molido; dejar actuar 30 minutos para que se absorba bien.

Calienta una pequeña cantidad de aceite de coco en una sartén.

Freír las tortitas hasta que la superficie esté dorada. Adorne con jarabe de arce y plátano. ¡Disfrutar!

Gachas de chocolate y centeno

(Listo en unos 10 minutos | 4 porciones)

Por porción: Calorías: 460; Grasa: 13,1 g; Hidratos de carbono: 72,2 g; Proteína: 15g

Ingredientes

- 2 tazas de hojuelas de centeno
- 2 ½ tazas de leche de almendras
- 2 onzas de ciruelas pasas, picadas
- 2 onzas de chispas de chocolate amargo

Direcciones

Agrega los copos de centeno y la leche de almendras a una olla profunda; Llevar a ebullición a temperatura media. Baje el fuego a bajo y cocine de 5 a 6 minutos.

Alejar del calor. Agregue las ciruelas picadas y los trozos de chocolate y mezcle suavemente.

Servir en tazones y servir caliente.

¡Disfrutar!

Auténtica comida africana Mielie

(Listo en unos 15 minutos | 4 porciones)

Por porción: Calorías: 336; Grasa: 15,1 g; Hidratos de carbono: 47,9 g; Proteínas: 4,1g

Ingredientes

3 tazas de agua

1 taza de leche de coco

1 taza de harina de maíz

1/3 cucharadita de sal kosher

1/4 cucharadita de nuez moscada rallada

1/4 cucharadita de clavo molido

4 cucharadas de jarabe de arce

Direcciones

Hervir agua y leche en una olla; luego agregue gradualmente la maicena y deje hervir.

Agrega sal, nuez moscada y clavo. Cocine por 10 minutos.

Agregue el jarabe de arce y mezcle suavemente hasta que se combinen. ¡Disfrutar!

Gachas de teff con higos secos

(Listo en unos 25 minutos | 4 porciones)

Por porción: Calorías: 356; Grasa: 12,1 g; Hidratos de carbono: 56,5 g; Proteínas: 6,8g

Ingredientes

1 taza de teff integral

1 taza de agua

2 tazas de leche de coco

2 cucharadas de aceite de coco

1/2 cucharadita de cardamomo molido

1/4 cucharadita de canela molida

4 cucharadas de sirope de agave

7-8 higos secos, picados

Direcciones

Llevar a ebullición el teff integral, el agua y la leche de coco.

Lleva el fuego a ebullición y agrega el aceite de coco, el cardamomo y la canela.

Cocine por 20 minutos o hasta que los granos se ablanden y la papilla espese. Agrega el jarabe de agave y mezcla hasta que esté bien combinado.

Decora cada ración con higos picados y sirve caliente. ¡Disfrutar!

budín de pan decadente con albaricoques

(Listo en aproximadamente 1 hora | 4 porciones)

Por porción: Calorías: 418; Grasa: 18,8 g; Hidratos de carbono: 56,9 g; Proteínas: 7,3g

Ingredientes

4 tazas de pan ciabatta del día anterior, cortado en cubitos

4 cucharadas de aceite de coco derretido

2 tazas de leche de coco

1/2 taza de azúcar de coco

4 cucharadas de puré de manzana

1/4 cucharadita de clavo molido

1/2 cucharadita de canela molida

1 cucharadita de extracto de vainilla

1/3 taza de orejones, cortados en cubitos

Direcciones

Comience precalentando el horno a 360 grados F. Engrase ligeramente la sartén con aceite en aerosol antiadherente.

Agrega el pan en cubos a la cazuela preparada.

En un bol mezcla bien el aceite de coco, la leche, el azúcar de coco, el puré de manzana, el clavo molido, la canela molida y la vainilla. Vierta la crema uniformemente sobre los cubos de pan; poner los albaricoques.

Presionar con una espátula ancha y dejar en remojo unos 15 minutos.

Hornee en el horno precalentado durante unos 45 minutos o hasta que la parte superior esté dorada y firme. ¡Disfrutar!

Arroz con Chipotle y Cilantro

(Listo en unos 25 minutos | 4 porciones)

Por porción: Calorías: 313; Grasas: 15 g; Hidratos de carbono: 37,1 g; Proteínas: 5,7 g

Ingredientes

4 cucharadas de aceite de oliva

1 chile, sin semillas y picado

1 taza de arroz jazmín

1 ½ tazas de caldo de verduras

1/4 taza de cilantro fresco, picado

Sal marina y pimienta de cayena al gusto

Direcciones

Calienta el aceite de oliva en una olla a fuego moderadamente alto. Agregue la pimienta y el arroz y cocine durante unos 3 minutos o hasta que esté fragante.

Vierta el caldo de verduras en la olla y déjelo hervir; hierva el fuego inmediatamente.

Cocine durante unos 18 minutos o hasta que se absorba todo el líquido. Revuelva el arroz con un tenedor, agregue cilantro, sal y pimienta de cayena; revuelva para combinar bien. ¡Disfrutar!

Gachas de avena con almendras

(Listo en unos 20 minutos | 2 porciones)

Por porción: Calorías: 533; Grasa: 13,7 g; Carbohidratos: 85 g; Proteínas: 21,6g

Ingredientes

1 taza de agua

2 tazas de leche de almendras, dividida

1 taza de avena

2 cucharadas de azúcar de coco

1/2 esencia de vainilla

1/4 cucharadita de cardamomo

1/2 taza de almendras picadas

1 plátano en rodajas

Direcciones

Hervir rápidamente agua y leche en una olla honda. Agrega la avena, tapa la olla y enciende el fuego a medio.

Agrega el azúcar de coco, la vainilla y el cardamomo. Continúe cocinando durante unos 12 minutos, revolviendo periódicamente.

Vierta la mezcla en tazones para servir; espolvorear con almendras y plátano. ¡Disfrutar!

Un cuenco aromático de mijo

(Listo en unos 20 minutos | 3 porciones)

Por porción: Calorías: 363; Grasa: 6,7 g; Hidratos de carbono: 63,5 g; Proteínas: 11,6g

Ingredientes

1 taza de agua

1 ½ tazas de leche de coco

1 taza de mijo, enjuagado y escurrido

1/4 cucharadita de jengibre cristalizado

1/4 cucharadita de canela molida

Una pizca de nuez moscada rallada

Una pizca de sal del Himalaya

2 cucharadas de jarabe de arce

Direcciones

Coloca en una olla agua, leche, mijo, jengibre, canela cristalizada, nuez moscada y sal; llevar a ebullición.

Coloca el fuego a fuego lento y deja que hierva a fuego lento durante unos 20 minutos; Revuelva el mijo con un tenedor y vierta en tazones separados.

Servir con jarabe de arce. ¡Disfrutar!

Cuenco Harissa Bulgur

(Listo en unos 25 minutos | 4 porciones)

Por porción: Calorías: 353; Grasa: 15,5 g; Hidratos de carbono: 48,5 g; Proteínas: 8,4g

Ingredientes

1 taza de bulgur

1 ½ tazas de caldo de verduras

2 tazas de granos de maíz dulce, descongelados

1 taza de frijoles enlatados, escurridos

1 cebolla morada, en rodajas finas

1 diente de ajo picado

Sal marina y pimienta negra molida al gusto.

1/4 taza de pasta de harissa

1 cucharada de jugo de limón

1 cucharada de vinagre blanco

1/4 taza de aceite de oliva virgen extra

1/4 taza de hojas de perejil fresco, picadas

Direcciones

En una olla honda hervir el caldo con el bulgur y las verduras; cocine tapado durante 12 a 13 minutos.

Déjelo reposar durante 5 a 10 minutos y triture el bulgur con un tenedor.

Agrega los ingredientes restantes al bulgur cocido; sirva tibio o a temperatura ambiente. ¡Disfrutar!

Pudín de quinua y coco

(Listo en unos 20 minutos | 3 porciones)

Por porción: Calorías: 391; Grasa: 10,6 g; Hidratos de carbono: 65,2 g; Proteínas: 11,1 g

Ingredientes

1 taza de agua

1 taza de leche de coco

1 taza de quinua

Una pizca de sal kosher

Una pizca de pimienta de Jamaica molida

1/2 cucharadita de canela

1/2 cucharadita de extracto de vainilla

4 cucharadas de sirope de agave

1/2 taza de hojuelas de coco

Direcciones

Coloca en una olla agua, leche de coco, quinua, sal, pimienta de Jamaica molida, canela y extracto de vainilla.

Llevar a ebullición a temperatura media. Coloca el fuego a fuego lento y deja que hierva a fuego lento durante unos 20 minutos; Revuelva con un tenedor y agregue el jarabe de agave.

Dividir en tres tazones y decorar con coco rallado. ¡Disfrutar!

risotto con champiñones cremini

(Listo en unos 20 minutos | 3 porciones)

Por porción: Calorías: 513; Grasa: 12,5 g; Carbohidratos: 88 g; Proteínas: 11,7g

Ingredientes

3 cucharadas de mantequilla vegana

1 cucharadita de ajo picado

1 cucharadita de tomillo

1 libra de champiñones cremini, rebanados

1 ½ tazas de arroz blanco

2 ½ tazas de caldo de verduras

1/4 taza de jerez seco

Sal kosher y pimienta negra molida al gusto

3 cucharadas de cebollino fresco, en rodajas finas

Direcciones

Derrita la mantequilla vegana en una cacerola a fuego moderadamente alto. Cocine el ajo y el tomillo durante aproximadamente 1 minuto o hasta que estén fragantes.

Agrega los champiñones y continúa cocinando hasta que suelten su líquido, o unos 3 minutos.

Agrega el arroz, el caldo de verduras y el jerez. Llevar a ebullición; hierva el fuego inmediatamente.

Cocina por unos 15 minutos o hasta que se absorba todo el líquido. Revuelva el arroz con un tenedor, sazone con sal y pimienta y decore con cebollino fresco.

¡Disfrutar!

Risotto colorido con verduras

(Listo en unos 35 minutos | 5 porciones)

Por porción: Calorías: 363; Grasa: 7,5 g; Hidratos de carbono: 66,3 g; Proteínas: 7,7g

Ingredientes

2 cucharadas de aceite de sésamo

1 cebolla picada

2 pimientos, picados

1 chirivía, en rodajas y picada

1 zanahoria, rebanada y picada

1 taza de floretes de brócoli

2 dientes de ajo, finamente picados

1/2 cucharadita de comino molido

2 tazas de arroz integral

Sal marina y pimienta negra al gusto.

1/2 cucharadita de cúrcuma molida

2 cucharadas de cilantro fresco, finamente picado

Direcciones

Calienta el aceite de sésamo en una olla a fuego medio.

Una vez caliente, cocine la cebolla, los pimientos, las chirivías, las zanahorias y el brócoli durante unos 3 minutos hasta que estén fragantes.

Agrega el ajo y el comino molido; continúe cocinando por otros 30 segundos hasta que esté fragante.

Coloque el arroz integral en una olla y cúbralo con 2 pulgadas de agua fría. Llevar a ebullición. Reduzca el fuego y continúe cocinando durante unos 30 minutos o hasta que estén tiernos.

Agrega el arroz a la mezcla de verduras; sazone con sal, pimienta negra y cúrcuma molida; decora con cilantro fresco y sirve inmediatamente. ¡Disfrutar!

sémola de amaranto con nueces

(Listo en unos 35 minutos | 4 porciones)

Por porción: Calorías: 356; Grasa: 12 g; Hidratos de carbono: 51,3 g; Proteína: 12,2 g

Ingredientes

2 tazas de agua

2 tazas de leche de coco

1 taza de amaranto

1 rama de canela

1 vaina de vainilla

4 cucharadas de jarabe de arce

4 cucharadas de nueces picadas

Direcciones

Hierva el agua y la leche de coco a fuego medio; agregue el amaranto, la canela y la vainilla y deje hervir.

Cocine por unos 30 minutos, revolviendo ocasionalmente para evitar que el amaranto se pegue al fondo de la olla.

Espolvorea con jarabe de arce y nueces. ¡Disfrutar!

Pilaf de cebada con setas silvestres

(Listo en unos 45 minutos | 4 porciones)

Por porción: Calorías: 288; Grasa: 7,7 g; Hidratos de carbono: 45,3 g; Proteínas: 12,1 g

Ingredientes

2 cucharadas de mantequilla vegana

1 cebolla pequeña picada

1 cucharadita de ajo picado

1 chile jalapeño, sin semillas y picado

1 libra de champiñones silvestres, rebanados

1 taza de cebada mediana, enjuagada

2 ¾ tazas de caldo de verduras

Direcciones

Derrita la mantequilla vegana en una cacerola a fuego medio.

Una vez caliente, cocina la cebolla durante unos 3 minutos hasta que se ablande.

Agrega el ajo, el chile jalapeño y los champiñones; continúe friendo durante 2 minutos o hasta que esté fragante.

Agrega la cebada y el caldo, tapa y continúa cocinando durante unos 30 minutos. Una vez absorbido todo el líquido dejar la cebada unos 10 minutos removiendo con un tenedor.

Pruebe y ajuste los condimentos. ¡Disfrutar!

Muffins de pan de maíz dulce

(Listo en unos 30 minutos | 8 porciones)

Por porción: Calorías: 311; Grasa: 13,7 g; Hidratos de carbono: 42,3 g; Proteína: 4,5 g

Ingredientes

1 harina multiuso

1 taza de harina de maíz amarillo

1 cucharadita de polvo para hornear

1 cucharadita de bicarbonato de sodio

1 cucharadita de sal kosher

1/2 taza de azúcar

1/2 cucharadita de canela molida

1 1/2 tazas de leche de almendras

1/2 taza de mantequilla vegana derretida

2 cucharadas de puré de manzana

Direcciones

Comience precalentando el horno a 420 grados F. Ahora rocíe el molde para muffins con aceite en aerosol antiadherente.

En un bol, mezcle bien la harina, la harina de maíz, el bicarbonato de sodio, el polvo para hornear, la sal, el azúcar y la canela.

Agrega poco a poco la leche, la mantequilla y el puré de manzana, revolviendo constantemente para evitar grumos.

Vierta la masa en el molde para muffins preparado. Hornea los muffins durante unos 25 minutos o hasta que al insertar un probador en el centro salga seco y limpio.

Transfiérelos a una rejilla para que reposen durante 5 minutos antes de sacarlos del molde y servir. ¡Disfrutar!

Arroz con Leche Aromático con Higos Secos

(Listo en unos 45 minutos | 4 porciones)

Por porción: Calorías: 407; Grasa: 7,5 g; Hidratos de carbono: 74,3 g; Proteínas: 10,7 g

Ingredientes

2 tazas de agua

1 taza de arroz blanco de grano mediano

3 ½ tazas de leche de coco

1/2 taza de azúcar de coco

1 rama de canela

1 vaina de vainilla

1/2 taza de higos secos, picados

4 cucharadas de hojuelas de coco

Direcciones

En una olla, hierva agua a fuego medio. Sube inmediatamente el fuego, agrega el arroz y cocina por unos 20 minutos.

Agrega la leche, el azúcar y las especias y continúa cocinando por otros 20 minutos, revolviendo constantemente para evitar que el arroz se pegue a la olla.

Cubra con higos secos y coco; Sirve el pudín tibio o a temperatura ambiente. ¡Disfrutar!

guiso de quinua

(Listo en unos 25 minutos | 4 porciones)

Por porción: Calorías: 466; Grasa: 11,1 g; Carbohidratos: 76 g; Proteínas: 16,1g

Ingredientes

2 cucharadas de aceite de oliva

1 cebolla picada

4 patatas medianas, peladas y cortadas en cubitos

1 zanahoria, pelada y cortada en cubitos

1 chirivía, recortada y cortada en cubitos

1 chile jalapeño, sin semillas y picado

4 tazas de caldo de verduras

1 taza de quinua

Sal marina y pimienta blanca molida al gusto.

Direcciones

Calienta el aceite de oliva en una olla de fondo grueso a fuego medio. Saltee la cebolla, las patatas, las zanahorias, las chirivías y los pimientos durante unos 5 minutos o hasta que se ablanden.

Agrega el caldo de verduras y la quinua; llevar a ebullición.

Aumente inmediatamente el fuego y cocine por unos 15 minutos o hasta que la quinua esté tierna.

Sazone con sal y pimienta al gusto. Licúa la avena con una batidora de mano. ¡Vuelve a calentar la avena justo antes de servir y a disfrutar!

Un plato de sorgo con almendras.

(Listo en unos 15 minutos | 4 porciones)

Por porción: Calorías: 384; Grasa: 14,7 g; Hidratos de carbono: 54,6 g; Proteínas: 13,9 g

Ingredientes

1 taza de sorgo

3 tazas de leche de almendras

una pizca de sal marina

Una pizca de nuez moscada rallada

1/2 cucharadita de canela molida

1/4 cucharadita de cardamomo molido

1 cucharadita de jengibre cristalizado

4 cucharadas de azúcar moreno

4 cucharadas de almendras picadas

Direcciones

Coloca en una cacerola el sorgo, la leche de almendras, la sal, la nuez moscada, la canela, el cardamomo y el jengibre cristalizado; cocine por unos 15 minutos.

Agrega el azúcar moreno, mezcla y vierte la avena en tazones.

Adorne con almendras y sirva inmediatamente. ¡Disfrutar!

Muffins de bulgur con pasas

(Listo en unos 20 minutos | Sirve para 6 personas)

Por porción: Calorías: 306; Grasa: 12,1 g; Hidratos de carbono: 44,6 g; Proteína: 6,1 g

Ingredientes

1 taza de bulgur, cocido

4 cucharadas de aceite de coco derretido

1 cucharadita de polvo para hornear

1 cucharadita de bicarbonato de sodio

2 cucharadas de linaza

1 ¼ tazas de harina para todo uso

1/2 taza de harina de coco

1 taza de leche de coco

4 cucharadas de azúcar moreno

1/2 taza de pasas, envasadas

Direcciones

Comience precalentando el horno a 420 grados F. Rocíe un molde para muffins con aceite de cocina antiadherente.

Mezclar bien todos los ingredientes secos. Agregue el bulgur cocido.

En otro bol, mezcle todos los ingredientes húmedos; agregue la mezcla húmeda a la mezcla de bulgur; poner las pasas.

Mezcla hasta que todo esté bien combinado, pero no demasiado; vierte la masa en el muffin preparado.

Ahora hornea los cupcakes durante unos 16 minutos o hasta que con un probador de pasteles salga limpio y seco. ¡Disfrutar!

pilaf a la antigua usanza

(Listo en unos 45 minutos | 4 porciones)

Por porción: Calorías: 532; Grasa: 11,4 g; Carbohidratos: 93 g; Proteínas: 16,3 g

Ingredientes

2 cucharadas de aceite de sésamo

1 chalota, en rodajas

2 pimientos, sin semillas y rebanados

3 dientes de ajo, picados

10 onzas de champiñones ostra, limpios y rebanados

2 tazas de arroz integral

2 tomates, puré

2 tazas de caldo de verduras

Sal y pimienta negra al gusto

1 taza de granos de maíz dulce

1 taza de guisantes verdes

Direcciones

Calienta el aceite de sésamo en una olla a fuego medio.

Una vez calientes, cocine las chalotas y los pimientos durante unos 3 minutos hasta que se ablanden.

Agrega el ajo y los champiñones ostra; Continúe friendo durante aproximadamente 1 minuto hasta que esté fragante.

En una fuente para asar ligeramente engrasada, coloque el arroz espolvoreado con una mezcla de champiñones, tomates, caldo, sal, pimienta negra, maíz y guisantes.

Hornee, tapado, a 375 grados F durante unos 40 minutos, revolviendo después de 20 minutos. ¡Disfrutar!

Ensalada Freekeh con Za'atar

(Listo en unos 35 minutos | 4 porciones)

Por porción: Calorías: 352; Grasa: 17,1 g; Hidratos de carbono: 46,3 g; Proteína: 8g

Ingredientes

1 vaso gratis

2 ½ tazas de agua

1 taza de tomates uva, cortados por la mitad

2 pimientos, sin semillas y rebanados

1 chile habanero, sin semillas y rebanado

1 cebolla, en rodajas finas

2 cucharadas de cilantro fresco picado

2 cucharadas de perejil fresco picado

2 onzas de aceitunas verdes, deshuesadas y picadas

1/4 taza de aceite de oliva virgen extra

2 cucharadas de jugo de limón

1 cucharadita de mostaza delicatessen

1 cucharadita de za'atar

Sal marina y pimienta negra molida al gusto.

Direcciones

Coloca el freekeh y el agua en una olla. Llevar a ebullición a temperatura media.

Aumente inmediatamente el fuego y cocine durante 30 a 35 minutos, revolviendo ocasionalmente para facilitar una cocción uniforme. Déjalo enfriar por completo.

Mezcle el freekeh cocido con los ingredientes restantes. Revuelva para combinar bien.

¡Disfrutar!

sopa de verduras con amaranto

(Listo en unos 30 minutos | 4 porciones)

Por porción: Calorías: 196; Grasa: 8,7 g; Hidratos de carbono: 26,1 g; Proteínas: 4,7g

Ingredientes

2 cucharadas de aceite de oliva

1 chalota pequeña, picada

1 zanahoria, rebanada y picada

1 chirivía, en rodajas y picada

1 taza de calabaza amarilla, pelada y picada

1 cucharadita de semillas de hinojo

1 cucharadita de semillas de apio

1 cucharadita de cúrcuma en polvo

1 laurel

1/2 taza de amaranto

2 tazas de crema de apio

2 tazas de agua

2 tazas de repollo verde, cortado en trozos

Sal marina y pimienta negra molida al gusto.

Direcciones

Calienta el aceite de oliva en una olla de fondo grueso hasta que empiece a chisporrotear. Una vez calientes, sofreír la chalota, la zanahoria, la chirivía y la calabaza durante 5 minutos o hasta que estén blandas.

Luego, fríe las semillas de hinojo, las semillas de apio, la cúrcuma en polvo y la hoja de laurel durante unos 30 segundos hasta que estén fragantes.

Agrega el amaranto, la sopa y el agua. Coloca el fuego a fuego lento. Tape y cocine de 15 a 18 minutos.

Luego agrega el repollo, sazona con sal y pimienta negra y cocina por otros 5 minutos. ¡Disfrutar!

Polenta con champiñones y garbanzos

(Listo en unos 25 minutos | 4 porciones)

Por porción: Calorías: 488; Grasa: 12,2 g; Carbohidratos: 71 g; Proteínas: 21,4g

Ingredientes

3 tazas de caldo de verduras

1 taza de harina de maíz amarillo

2 cucharadas de aceite de oliva

1 cebolla picada

1 pimiento, sin semillas y en rodajas

1 libra de champiñones cremini, rebanados

2 dientes de ajo picados

1/2 taza de vino blanco seco

1/2 taza de caldo de verduras

Sal kosher y pimienta negra recién molida al gusto

1 cucharadita de pimentón

1 taza de garbanzos enlatados, escurridos

Direcciones

En una olla mediana, hierva el caldo de verduras a fuego medio. Ahora agrega la maicena, revolviendo constantemente para evitar grumos.

Reduce el fuego a fuego lento. Continúe cocinando a fuego lento, revolviendo periódicamente, durante unos 18 minutos, hasta que la mezcla espese.

Mientras tanto, calienta el aceite de oliva en una cacerola a fuego moderadamente alto. Cocine la cebolla y los pimientos durante unos 3 minutos o hasta que estén suaves y fragantes.

Agrega los champiñones y el ajo; Continúe cocinando, agregando gradualmente el vino y el caldo, durante 4 minutos más o hasta que esté bien cocido. Sazone con sal, pimienta negra y pimentón. Agrega los garbanzos.

Vierta la mezcla de champiñones sobre la polenta y sirva caliente. ¡Disfrutar!

Ensalada de teff con aguacate y frijoles

(Listo en unos 20 minutos + tiempo de enfriamiento | 2 porciones)

Por porción: Calorías: 463; Grasa: 21,2 g; Hidratos de carbono: 58,9 g; Proteínas: 13,1 g

Ingredientes

2 tazas de agua

1/2 taza de grano de teff

1 cucharadita de jugo de limón fresco

3 cucharadas de mayonesa vegana

1 cucharadita de mostaza delicatessen

1 aguacate pequeño, sin semillas, pelado y rebanado

1 cebolla morada pequeña, en rodajas finas

1 pepino persa pequeño, en rodajas

1/2 taza de frijoles enlatados, escurridos

2 tazas de espinacas tiernas

Direcciones

Hervir agua en una olla profunda a fuego alto. Añade los granos de teff y deja hervir.

Continúe cocinando, tapado, durante unos 20 minutos o hasta que estén tiernos. Déjalo enfriar por completo.

Agregue los ingredientes restantes y mezcle hasta que se combinen. Servir a temperatura ambiente. ¡Disfrutar!

Avena nocturna con nueces

(Listo en unos 5 minutos + tiempo de enfriamiento | 3 porciones)

Por porción: Calorías: 423; Grasa: 16,8 g; Hidratos de carbono: 53,1 g; Proteínas: 17,3g

Ingredientes

1 taza de avena a la antigua

3 cucharadas de semillas de chía

1 ½ tazas de leche de coco

3 cucharaditas de sirope de agave

1 cucharadita de extracto de vainilla

1/2 cucharadita de canela molida

3 cucharadas de nueces picadas

pizca de sal

Una pizca de nuez moscada rallada

Direcciones

Divida los ingredientes en tres frascos de vidrio.

Cubra y agite para combinar bien. Déjalos reposar toda la noche en el frigorífico.

Puedes agregar un poco de leche antes de servir. ¡Disfrutar!

bolas energéticas de zanahoria

(Listo en unos 10 minutos + tiempo de enfriamiento | 8 porciones)

Por porción: Calorías: 495; Grasa: 21,1 g; Hidratos de carbono: 58,4 g; Proteínas: 22,1g

Ingredientes

1 zanahoria grande, zanahoria rallada

1 ½ tazas de avena pasada de moda

1 taza de pasas

1 taza de dátiles sin semillas

1 taza de hojuelas de coco

1/4 cucharadita de clavo molido

1/2 cucharadita de canela molida

Direcciones

En un procesador de alimentos, mezcle todos los ingredientes hasta que queden suaves y pegajosos.

Forme bolas uniformes con la masa.

Colocar en el refrigerador hasta que esté listo para servir. ¡Disfrutar!

Barritas crujientes de batata

(Listo en unos 25 minutos + tiempo de enfriamiento | 4 porciones)

Por porción: Calorías: 215; Grasa: 4,5 g; Carbohidratos: 35 g; Proteínas: 8,7g

Ingredientes

4 batatas, peladas y ralladas

2 huevos de chía

1/4 taza de levadura nutricional

2 cucharadas de tahini

2 cucharadas de harina de garbanzos

1 cucharadita de chalota en polvo

1 cucharadita de ajo en polvo

1 cucharadita de pimentón

Sal marina y pimienta negra molida al gusto.

Direcciones

Comience precalentando el horno a 395 grados F. Cubra una bandeja para hornear con papel pergamino o un tapete Silpat.

Mezclar bien todos los ingredientes hasta que todo esté bien combinado.

Forme bolitas uniformes con la masa y póngalas en el frigorífico durante aproximadamente 1 hora.

Hornea estas bolitas durante unos 25 minutos, dándoles la vuelta a la mitad del tiempo de horneado. ¡Disfrutar!

Zanahorias baby glaseadas al horno

(Listo en unos 30 minutos | Sirve para 6 personas)

Por porción: Calorías: 165; Grasa: 10,1 g; Carbohidratos: 16,5 g; Proteína: 1,4 g

Ingredientes

2 libras de zanahorias pequeñas

1/4 taza de aceite de oliva

1/4 taza de vinagre de manzana

1/2 cucharadita de hojuelas de pimiento rojo

Sal marina y pimienta negra recién molida al gusto.

1 cucharada de sirope de agave

2 cucharadas de salsa de soja

1 cucharada de cilantro fresco, picado

Direcciones

Comience precalentando el horno a 395 grados F.

Luego mezcla las zanahorias con aceite de oliva, vinagre, pimiento rojo, sal, pimienta negra, sirope de agave y salsa de soja.

Asa las zanahorias durante unos 30 minutos, girando la sartén una o dos veces. Adorne con cilantro fresco y sirva. ¡Disfrutar!

chips de col rizada al horno

(Listo en unos 20 minutos | 8 porciones)

Por porción: Calorías: 65; Grasa: 3,9 g; Carbohidratos: 5,3 g; Proteína: 2,4 g

Ingredientes

2 manojos de col rizada, con las hojas separadas

2 cucharadas de aceite de oliva

1/2 cucharadita de semillas de mostaza

1/2 cucharadita de semillas de apio

1/2 cucharadita de orégano seco

1/4 cucharadita de comino molido

1 cucharadita de ajo en polvo

Sal marina gruesa y pimienta negra molida al gusto

Direcciones

Comience precalentando el horno a 340 grados F. Forre una bandeja para hornear con papel pergamino o Silpat Mar.

Mezcle las hojas de col rizada con los ingredientes restantes hasta que estén bien cubiertas.

Hornee en el horno precalentado durante unos 13 minutos, volteando el molde una o dos veces. ¡Disfrutar!

Salsa de anacardos y queso

(Listo en unos 10 minutos | 8 porciones)

Por porción: Calorías: 115; Grasa: 8,6 g; Carbohidratos: 6,6 g; Proteínas: 4,4 g

Ingredientes

1 taza de anacardos crudos

1 limón recién exprimido

2 cucharadas de tahini

2 cucharadas de levadura nutricional

1/2 cucharadita de cúrcuma en polvo

1/2 cucharadita de hojuelas de pimiento rojo triturado

Sal marina y pimienta negra molida al gusto.

Direcciones

Coloque todos los ingredientes en el bol de un procesador de alimentos. Licue hasta que quede suave, cremoso y suave. Si es necesario, puedes agregar un poco de agua para diluirlo.

Vierta la salsa en un bol; sírvelos con palitos de verduras, papas fritas o galletas saladas.

¡Disfrutar!

Dip de hummus con pimienta

(Listo en unos 10 minutos | 10 porciones)

Por porción: Calorías: 155; Grasa: 7,9 g; Carbohidratos: 17,4 g; Proteínas: 5,9g

Ingredientes

20 onzas de garbanzos, enlatados o cocidos, escurridos

1/4 taza de tahini

2 dientes de ajo picados

2 cucharadas de jugo de limón recién exprimido

1/2 taza de garbanzos líquidos

2 pimientos rojos asados, sin semillas y rebanados

1/2 cucharadita de pimentón

1 cucharadita de albahaca seca

Sal marina y pimienta negra molida al gusto.

2 cucharadas de aceite de oliva

Direcciones

Licue todos los ingredientes, excepto el aceite, en una licuadora o procesador de alimentos hasta obtener la consistencia deseada.

Colocar en el refrigerador hasta que esté listo para servir.

Sirva con rebanadas de pita tostadas o papas fritas, si lo desea. ¡Disfrutar!

mutabal libanés tradicional

(Listo en unos 10 minutos | Rinde para 6 personas)

Por porción: Calorías: 115; Grasa: 7,8 g; Carbohidratos: 9,8 g; Proteínas: 2,9g

Ingredientes

1 libra de berenjena

1 cebolla picada

1 cucharada de pasta de ajo

4 cucharadas de tahini

1 cucharada de aceite de coco

2 cucharadas de jugo de limón

1/2 cucharadita de cilantro molido

1/4 taza de clavo molido

1 cucharadita de hojuelas de pimiento rojo

1 cucharadita de pimentón ahumado

Sal marina y pimienta negra molida al gusto.

Direcciones

Asa la berenjena hasta que la piel se ponga negra; Pela la berenjena y colócala en el bol de un robot de cocina.

Agrega los ingredientes restantes. Mezclar hasta que todo esté bien combinado.

Sirva con crostini o pan de pita, si lo desea. ¡Disfrutar!

Garbanzos asados a la india

(Listo en unos 10 minutos | 8 porciones)

Por porción: Calorías: 223; Grasa: 6,4 g; Hidratos de carbono: 32,2 g; Proteínas: 10,4g

Ingredientes

2 tazas de garbanzos enlatados, escurridos

2 cucharadas de aceite de oliva

1/2 cucharadita de ajo en polvo

1/2 cucharadita de pimentón

1 cucharadita de curry en polvo

1 cucharadita de garam masala

Sal marina y pimiento rojo al gusto.

Direcciones

Seca los garbanzos con toallas de papel. Espolvorea los garbanzos con aceite de oliva.

Hornea los garbanzos en un horno precalentado a 400 grados F durante unos 25 minutos, revolviendo una o dos veces.

Mezcla los garbanzos con las especias y ¡a disfrutar!

Aguacate Con Salsa Tahini

(Listo en unos 10 minutos | 4 porciones)

Por porción: Calorías: 304; Grasa: 25,7 g; Carbohidratos: 17,6 g; Proteína: 6g

Ingredientes

2 aguacates grandes, sin semillas y cortados por la mitad

4 cucharadas de tahini

4 cucharadas de salsa de soja

1 cucharada de jugo de limón

1/2 cucharadita de hojuelas de pimiento rojo

Sal marina y pimienta negra molida al gusto.

1 cucharadita de ajo en polvo

Direcciones

Coloca las mitades de aguacate en un plato.

Combine el tahini, la salsa de soja, el jugo de limón, el pimiento rojo, la sal, la pimienta negra y el ajo en polvo en un tazón pequeño. Divide la salsa entre las mitades de aguacate.

¡Disfrutar!

Patata de boniato

(Listo en unos 25 minutos + tiempo de enfriamiento | 4 porciones)

Por porción: Calorías: 232; Grasa: 7,1 g; Carbohidratos: 37 g; Proteínas: 8,4g

Ingredientes

1 ½ libras de batatas, ralladas

2 huevos de chía

1/2 taza de harina común

1/2 taza dc pan rallado

3 cucharadas de hummus

Sal marina y pimienta negra al gusto.

1 cucharada de aceite de oliva

1/2 taza de salsa salsa

Direcciones

Comience precalentando el horno a 395 grados F. Cubra una bandeja para hornear con papel pergamino o un tapete Silpat.

Mezcle bien todos los ingredientes, excepto la salsa, hasta que estén bien combinados.

Forme bolitas uniformes con la masa y póngalas en el frigorífico durante aproximadamente 1 hora.

Hornea estas bolitas durante unos 25 minutos, dándoles la vuelta a la mitad del tiempo de horneado. ¡Disfrutar!

Dip de tomate y pimiento asado

(Listo en unos 35 minutos | 10 porciones)

Por porción: Calorías: 90; Grasa: 5,7 g; Carbohidratos: 8,5 g; Proteínas: 1,9g

Ingredientes

4 pimientos rojos

4 tomates

4 cucharadas de aceite de oliva

1 cebolla morada, picada

4 dientes de ajo

4 onzas de garbanzos enlatados, escurridos

Sal marina y pimienta negra molida al gusto.

Direcciones

Comience precalentando el horno a 400 grados F.

Coloca los pimientos y los tomates en una bandeja para horno forrada con papel de horno. Hornee por unos 30 minutos; Pela los pimientos y transfiérelos a un procesador de alimentos junto con los tomates asados.

Mientras tanto, calienta 2 cucharadas de aceite de oliva en una sartén a fuego medio. Saltee la cebolla y el ajo durante unos 5 minutos o hasta que se ablanden.

Agrega las verduras fritas al procesador de alimentos. Agrega los garbanzos, la sal, la pimienta y el aceite de oliva restante; procese hasta que esté cremoso y suave.

¡Disfrutar!

mezcla de fiesta clásica

(Listo en 1 hora y 5 minutos aproximadamente | Rinde para 15 personas)

Por porción: Calorías: 290; Grasa: 12,2 g; Carbohidratos: 39 g; Proteínas: 7,5g

Ingredientes

5 tazas de copos de maíz veganos

3 tazas de mini pretzels veganos

1 taza de almendras tostadas

1/2 taza de pepitas asadas

1 cucharada de levadura nutricional

1 cucharada de vinagre balsámico

1 cucharada de salsa de soja

1 cucharadita de ajo en polvo

1/3 taza de mantequilla vegana

Direcciones

Comience precalentando el horno a 250 grados F. Cubra una bandeja para hornear grande con papel pergamino o un tapete Silpat.

Combine el cereal, los pretzels, las almendras y las pepitas en un tazón para servir.

En una olla pequeña, disuelve el resto de los ingredientes a fuego moderado. Vierta la salsa sobre la mezcla de cereales y nueces.

Hornee durante aproximadamente 1 hora, revolviendo cada 15 minutos, hasta que estén dorados y fragantes. Transfiera a una rejilla para que se enfríe por completo. ¡Disfrutar!

Crostini con ajo y aceite de oliva

(Listo en unos 10 minutos | 4 porciones)

Por porción: Calorías: 289; Grasa: 8,2 g; Carbohidratos: 44,9 g; Proteínas: 9,5g

Ingredientes

1 baguette integral, cortada en rodajas

4 cucharadas de aceite de oliva virgen extra

1/2 cucharadita de sal marina

3 dientes de ajo, cortados por la mitad

Direcciones

Precalienta tu parrilla.

Unta cada rebanada de pan con aceite de oliva y espolvorea con sal marina. Colóquelo bajo la parrilla precalentada durante aproximadamente 2 minutos o hasta que esté ligeramente tostado.

Frote cada rebanada de pan con ajo y sirva. ¡Disfrutar!

Albóndigas veganas clásicas

(Listo en unos 15 minutos | 4 porciones)

Por porción: Calorías: 159; Grasa: 9,2 g; Carbohidratos: 16,3 g; Proteínas: 2,9g

Ingredientes

1 taza de arroz integral, cocido y enfriado

1 taza de frijoles enlatados o cocidos, escurridos

1 cucharadita de ajo fresco picado

1 cebolla pequeña picada

Sal marina y pimienta negra molida al gusto.

1/2 cucharadita de pimienta de cayena

1/2 cucharadita de pimentón ahumado

1/2 cucharadita de semillas de cilantro

1/2 cucharadita de semillas de mostaza y cilantro

2 cucharadas de aceite de oliva

Direcciones

Mezclar bien todos los ingredientes excepto el aceite de oliva en un bol. Mezcle para combinar bien, luego forme bolas uniformes con la mezcla con las manos engrasadas.

Luego calienta el aceite de oliva en una sartén antiadherente a fuego medio. Una vez calientes, sofreír las albóndigas durante unos 10 minutos hasta que estén doradas por todos lados.

¡Sirve con palitos de cóctel y disfruta!

Chirivías asadas con balsámico

(Listo en unos 30 minutos | Sirve para 6 personas)

Por porción: Calorías: 174; Grasa: 9,3 g; Hidratos de carbono: 22,2 g; Proteína: 1,4 g

Ingredientes

1 ½ libras de chirivías, cortadas en palitos

1/4 taza de aceite de oliva

1/4 taza de vinagre balsámico

1 cucharadita de mostaza Dijon

1 cucharadita de semillas de hinojo

Sal marina y pimienta negra molida al gusto.

1 cucharadita de mezcla de especias mediterráneas

Direcciones

Mezcle todos los ingredientes en un bol hasta que las chirivías estén bien cubiertas.

Hornee las chirivías en un horno precalentado a 400 grados F durante unos 30 minutos, revolviendo a la mitad del tiempo de cocción.

¡Sirve a temperatura ambiente y disfruta!

baba ganush tradicional

(Listo en unos 25 minutos | 8 porciones)

Por porción: Calorías: 104; Grasa: 8,2 g; Carbohidratos: 5,3 g; Proteína: 1,6 g

Ingredientes

1 libra de berenjena, en rodajas

1 cucharadita de sal marina gruesa

3 cucharadas de aceite de oliva

3 cucharadas de jugo de limón fresco

2 dientes de ajo picados

3 cucharadas de tahini

1/4 cucharadita de clavo molido

1/2 cucharadita de comino molido

2 cucharadas de perejil fresco picado

Direcciones

Frote sal marina sobre las rodajas de berenjena. Luego colócalos en un colador y déjalos por unos 15 minutos; escurrir, enjuagar y secar con un paño de cocina.

Asa la berenjena hasta que la piel se ponga negra; Pela la berenjena y colócala en el bol de un robot de cocina.

Agrega el aceite de oliva, el jugo de lima, el ajo, el tahini, el clavo y el comino. Mezclar hasta que todo esté bien combinado.

¡Decora con hojas frescas de perejil y disfruta!

Trozos de mantequilla de maní

(Listo en unos 5 minutos | 2 porciones)

Por porción: Calorías: 143; Grasa: 3,9 g; Carbohidratos: 26,3 g; Proteínas: 2,6g

Ingredientes

8 dátiles frescos, sin semillas y cortados por la mitad

8 cucharaditas de mantequilla de maní

1/4 cucharadita de canela molida

Direcciones

Divida la mantequilla de maní entre las mitades de dátiles.

Espolvorea con canela y sirve inmediatamente. ¡Disfrutar!

Salsa de coliflor asada

(Listo en unos 30 minutos | 7 porciones)

Por porción: Calorías: 142; Grasa: 12,5 g; Carbohidratos: 6,3 g; Proteínas: 2,9g

Ingredientes

1 libra de floretes de coliflor

1/4 taza de aceite de oliva

4 cucharadas de tahini

1/2 cucharadita de pimentón

Sal marina y pimienta negra molida al gusto.

2 cucharadas de jugo de lima fresco

2 dientes de ajo picados

Direcciones

Comience precalentando el horno a 420 grados F. Mezcle los floretes de coliflor con aceite de oliva y colóquelos en una bandeja para hornear forrada con papel pergamino.

Hornee por unos 25 minutos o hasta que estén tiernos.

Luego tritura la coliflor con el resto de los ingredientes, añadiendo líquido de cocción si es necesario.

Rociar con un poco de aceite de oliva si es necesario. ¡Disfrutar!

Rollitos de calabacín fáciles

(Listo en unos 10 minutos | 5 porciones)

Por porción: Calorías: 99; Grasa: 4,4 g; Carbohidratos: 12,1 g; Proteína: 3,1 g

Ingredientes

1 taza de hummus, preferiblemente casero

1 tomate mediano picado

1 cucharadita de mostaza

1/4 cucharadita de orégano

1/2 cucharadita de pimienta de cayena

Sal marina y pimienta negra molida al gusto.

1 calabacín grande cortado en tiras

2 cucharadas de albahaca fresca picada

2 cucharadas de perejil fresco picado

Direcciones

En un bol mezclar bien el hummus, el tomate, la mostaza, el orégano, la pimienta de cayena, la sal y la pimienta negra.

Divida el relleno entre las tiras de calabacín y extiéndalo uniformemente. Enrolle los calabacines y decore con albahaca fresca y perejil.

¡Disfrutar!

papas fritas chipotle

(Listo en unos 45 minutos | 4 porciones)

Por porción: Calorías: 186; Grasa: 7,1 g; Hidratos de carbono: 29,6 g; Proteína: 2,5 g

Ingredientes

4 batatas medianas, peladas y cortadas en bastones

2 cucharadas de aceite de maní

Sal marina y pimienta negra molida al gusto.

1 cucharadita de chile chipotle en polvo

1/4 cucharadita de pimienta de Jamaica molida

1 cucharadita de azúcar moreno

1 cucharadita de romero seco

Direcciones

Mezclar las batatas fritas con el resto de los ingredientes.

Hornee las papas fritas a 375 grados F durante unos 45 minutos o hasta que estén doradas; Asegúrate de revolver las papas fritas una o dos veces.

Si lo deseas, sírvelo con tu salsa favorita. ¡Disfrutar!

Salsa de frijoles cannellini

(Listo en unos 10 minutos | Rinde para 6 personas)

Por porción: Calorías: 123; Grasa: 4,5 g; Carbohidratos: 15,6 g; Proteínas: 5,6g

Ingredientes

10 onzas de frijoles cannellini enlatados, escurridos

1 diente de ajo picado

2 pimientos asados, rebanados

Pimienta de mar negra recién molida al gusto

1/2 cucharadita de comino molido

1/2 cucharadita de semillas de mostaza

1/2 cucharadita de hojas de laurel molidas

3 cucharadas de tahini

2 cucharadas de perejil italiano fresco, picado

Direcciones

Coloque todos los ingredientes, excepto el perejil, en el bol de una licuadora o procesador de alimentos. Bate hasta que esté bien mezclado.

Vierte la salsa en tazones y decora con perejil fresco.

Si lo desea, sírvalo con trozos de pita, chips de tortilla o palitos de verduras. ¡Disfrutar!

Coliflor al horno con especias

(Listo en unos 25 minutos | Sirve para 6 personas)

Por porción: Calorías: 115; Grasa: 9,3 g; Carbohidratos: 6,9 g; Proteínas: 5,6g

Ingredientes

1 ½ libras de floretes de coliflor

1/4 taza de aceite de oliva

4 cucharadas de vinagre de manzana

2 dientes de ajo, prensados

1 cucharadita de albahaca seca

1 cucharadita de orégano seco

Sal marina y pimienta negra molida al gusto.

Direcciones

Comience precalentando el horno a 420 grados F.

Mezclar los floretes de coliflor con los ingredientes restantes.

Coloque los floretes de coliflor en una bandeja para hornear forrada con papel pergamino. Hornea los floretes de coliflor en el horno precalentado durante unos 25 minutos o hasta que estén ligeramente carbonizados.

¡Disfrutar!

toum libanés fácil

(Listo en unos 10 minutos | Rinde para 6 personas)

Por porción: Calorías: 252; Grasa: 27 g; Carbohidratos: 3,1 g; Proteína: 0,4 g

Ingredientes

2 cabezas de ajo

1 cucharadita de sal marina gruesa

1 ½ tazas de aceite de oliva

1 limón recién exprimido

2 tazas de zanahorias, cortadas en palitos

Direcciones

Pulse los dientes de ajo y la sal en un procesador de alimentos de alta velocidad hasta que estén cremosos y suaves, raspando los lados del tazón.

Agrega poco a poco y lentamente el aceite de oliva y el jugo de limón, alternando entre los dos ingredientes para obtener una salsa esponjosa.

Revuelve hasta que la salsa espese. ¡Sirve con palitos de zanahoria y disfruta!

Aguacate Con Salsa Picante De Jengibre

(Listo en unos 10 minutos | 4 porciones)

Por porción: Calorías: 295; Grasa: 28,2 g; Carbohidratos: 11,3 g; Proteína: 2,3 g

Ingredientes

2 aguacates, sin semillas y cortados por la mitad

1 diente de ajo, prensado

1 cucharadita de jengibre fresco, pelado y picado

2 cucharadas de vinagre balsámico

4 cucharadas de aceite de oliva virgen extra

Sal kosher y pimienta negra molida al gusto

Direcciones

Coloca las mitades de aguacate en un plato.

Combine el ajo, el jengibre, el vinagre, el aceite de oliva, la sal y la pimienta negra en un tazón pequeño. Divide la salsa entre las mitades de aguacate.

¡Disfrutar!

Mezcla de snack de garbanzos

(Listo en unos 30 minutos | 8 porciones)

Por porción: Calorías: 109; Grasa: 7,9 g; Carbohidratos: 7,4 g; Proteína: 3,4 g

Ingredientes

1 taza de garbanzos horneados, escurridos

2 cucharadas de aceite de coco derretido

1/4 taza de semillas de calabaza crudas

1/4 taza de mitades de nueces crudas

1/3 taza de cerezas secas

Direcciones

Seca los garbanzos con toallas de papel. Espolvorea los garbanzos con aceite de coco.

Hornea los garbanzos en un horno precalentado a 380 grados F durante unos 20 minutos, revolviendo una o dos veces.

Mezclar los garbanzos con las semillas de calabaza y las mitades de nueces. Continúe asando hasta que las nueces estén fragantes, aproximadamente 8 minutos; enfriar completamente.

Agregue las cerezas secas y mezcle hasta que se combinen. ¡Disfrutar!

Salsa muhammara con sorpresa

(Listo en unos 35 minutos | 9 porciones)

Por porción: Calorías: 149; Grasa: 11,5 g; Carbohidratos: 8,9 g; Proteína: 2,4 g

Ingredientes

3 pimientos rojos

5 cucharadas de aceite de oliva

2 dientes de ajo picados

1 tomate picado

3/4 taza de pan rallado

2 cucharadas de melaza

1 cucharadita de comino molido

1/4 semillas de girasol tostadas

1 pimiento maras, picado

2 cucharadas de tahini

Sal marina y pimiento rojo al gusto.

Direcciones

Comience precalentando el horno a 400 grados F.

Coloca los pimientos en una bandeja para horno forrada con papel de horno. Hornee por unos 30 minutos; Pela los pimientos y colócalos en un procesador de alimentos.

Mientras tanto, calienta 2 cucharadas de aceite de oliva en una sartén a fuego medio. Saltee el ajo y los tomates durante unos 5 minutos o hasta que se ablanden.

Agrega las verduras fritas al procesador de alimentos. Agrega el resto de los ingredientes y mezcla hasta obtener una consistencia cremosa y suave.

¡Disfrutar!

Crostini con espinacas, garbanzos y ajo

(Listo en unos 10 minutos | Rinde para 6 personas)

Por porción: Calorías: 242; Grasa: 6,1 g; Carbohidratos: 38,5 g; Proteínas: 8,9g

Ingredientes

1 baguette, en rodajas

4 cucharadas de aceite de oliva virgen extra

Sal marina y pimiento rojo al gusto.

3 dientes de ajo, picados

1 taza de garbanzos cocidos, escurridos

2 tazas de espinacas

1 cucharada de jugo de limón fresco

Direcciones

Precalienta tu parrilla.

Unte las rebanadas de pan con 2 cucharadas de aceite de oliva y espolvoree con sal marina y pimiento rojo. Colóquelo bajo la parrilla precalentada durante aproximadamente 2 minutos o hasta que esté ligeramente tostado.

En un bol, mezcle bien el ajo, los garbanzos, las espinacas, el jugo de limón y las 2 cucharadas restantes de aceite de oliva.

Vierte la mezcla de garbanzos sobre cada tostada. ¡Disfrutar!

"Albóndigas" con champiñones y judías cannellini

(Listo en unos 15 minutos | 4 porciones)

Por porción: Calorías: 195; Grasa: 14,1 g; Carbohidratos: 13,2 g; Proteínas: 3,9g

Ingredientes

4 cucharadas de aceite de oliva

1 taza de champiñones picados

1 chalota, picada

2 dientes de ajo machacados

1 taza de frijoles cannellini, enlatados o cocidos, escurridos

1 taza de quinua cocida

Sal marina y pimienta negra molida al gusto.

1 cucharadita de pimentón ahumado

1/2 cucharadita de hojuelas de pimiento rojo

1 cucharadita de semillas de mostaza

1/2 cucharadita de eneldo seco

Direcciones

Calienta 2 cucharadas de aceite de oliva en una sartén antiadherente. Una vez calientes, cocine los champiñones y la chalota durante 3 minutos o hasta que estén suaves.

Agrega el ajo, los frijoles, la quinua y las especias. Mezcle para combinar bien, luego forme bolas uniformes con la mezcla con las manos engrasadas.

Luego calienta las 2 cucharadas restantes de aceite de oliva en una sartén antiadherente a fuego medio. Una vez calientes, sofreír las albóndigas durante unos 10 minutos hasta que estén doradas por todos lados.

Servir con palitos de cóctel. ¡Disfrutar!

Rollitos de pepino con hummus

(Listo en unos 10 minutos | Rinde para 6 personas)

Por porción: Calorías: 88; Grasa: 3,6 g; Carbohidratos: 11,3 g; Proteínas: 2,6g

Ingredientes

1 taza de hummus, preferiblemente casero

2 tomates grandes, cortados en cubitos

1/2 cucharadita de hojuelas de pimiento rojo

Sal marina y pimienta negra molida al gusto.

2 pepinos ingleses, cortados en rodajas

Direcciones

Divida la salsa de hummus entre las rodajas de pepino.

Espolvoréalos con tomates; espolvoree hojuelas de pimiento rojo, sal y pimienta negra sobre cada pepino.

¡Sirve muy frío y a disfrutar!

Bocaditos de jalapeño rellenos

(Listo en unos 15 minutos | Rinde para 6 personas)

Por porción: Calorías: 108; Grasa: 6,6 g; Carbohidratos: 7,3 g; Proteína: 5,3 g

Ingredientes

1/2 taza de semillas de girasol crudas, remojadas durante la noche y escurridas

4 cucharadas de cebollino picado

1 cucharadita de ajo picado

3 cucharadas de levadura nutricional

1/2 taza de crema de cebolla

1/2 cucharadita de pimienta de cayena

1/2 cucharadita de semillas de mostaza

12 chiles jalapeños, cortados por la mitad y sin semillas

1/2 taza de pan rallado

Direcciones

En un procesador de alimentos o licuadora de alta velocidad, combine las semillas de girasol crudas, las chalotas, el ajo, la levadura nutricional, la sopa, la pimienta de cayena y las semillas de mostaza hasta que estén bien combinados.

Vierta la mezcla sobre los chiles jalapeños y espolvoree con pan rallado.

Hornee en un horno precalentado a 400 grados F durante unos 13 minutos o hasta que los pimientos estén tiernos. Servir caliente.

¡Disfrutar!

aros de cebolla mexicanos

(Listo en unos 35 minutos | Sirve para 6 personas)

Por porción: Calorías: 213; Grasa: 10,6 g; Carbohidratos: 26,2 g; Proteínas: 4,3 g

Ingredientes

2 cebollas medianas, cortadas en aros

1/4 taza de harina para todo uso

1/4 taza de harina de espelta

1/3 taza de leche de arroz, sin azúcar

1/3 vaso de cerveza

Sal marina y pimienta negra molida para condimentar.

1/2 cucharadita de pimienta de cayena

1/2 cucharadita de semillas de mostaza

1 taza de chips de tortilla, triturados

1 cucharada de aceite de oliva

Direcciones

Comience precalentando el horno a 420 grados F.

Mezcle la harina, la leche y la cerveza en un recipiente poco profundo.

En otro recipiente poco profundo, mezcle las especias con los chips de tortilla triturados. Sumerge los aros de cebolla en la mezcla de harina.

Luego cúbrelos con la mezcla de especias, presionando hacia abajo para cubrirlos bien.

Coloca los aros de cebolla en una bandeja para horno forrada con papel de horno. Unte con aceite de oliva y hornee por unos 30 minutos. ¡Disfrutar!

Verduras de raíz asadas

(Listo en unos 35 minutos | Sirve para 6 personas)

Por porción: Calorías: 261; Grasa: 18,2 g; Hidratos de carbono: 23,3 g; Proteína: 2,3 g

Ingredientes

1/4 taza de aceite de oliva

2 zanahorias, peladas y cortadas en trozos de 1,5 pulgadas

2 chirivías, peladas y cortadas en trozos de 1,5 pulgadas

1 tallo de apio, pelado y cortado en trozos de 1,5 pulgadas

1 libra de batatas, peladas y cortadas en trozos de 1,5 pulgadas

1/4 taza de aceite de oliva

1 cucharadita de semillas de mostaza

1/2 cucharadita de albahaca

1/2 cucharadita de orégano

1 cucharadita de hojuelas de pimiento rojo

1 cucharadita de tomillo seco

Sal marina y pimienta negra molida al gusto.

Direcciones

Mezclar las verduras con el resto de los ingredientes hasta que estén bien cubiertas.

Hornee las verduras en un horno precalentado a 400 grados F durante unos 35 minutos, revolviendo a la mitad del tiempo de horneado.

Probar, sazonar al gusto y servir caliente. ¡Disfrutar!

hummus estilo indio

(Listo en unos 10 minutos | 10 porciones)

Por porción: Calorías: 171; Grasa: 10,4 g; Carbohidratos: 15,3 g; Proteínas: 5,4g

Ingredientes

20 onzas de garbanzos, enlatados o cocidos, escurridos

1 cucharadita de ajo picado

1/4 taza de tahini

1/4 taza de aceite de oliva

1 lima recién exprimida

1/4 cucharadita de cúrcuma

1/2 cucharadita de comino en polvo

1 cucharadita de curry en polvo

1 cucharadita de semillas de cilantro

1/4 taza de garbanzos líquidos, o más si es necesario

2 cucharadas de cilantro fresco, picado

Direcciones

Licue los garbanzos, el ajo, el tahini, el aceite de oliva, la lima, la cúrcuma, el comino, el curry en polvo y las semillas de cilantro en una licuadora o procesador de alimentos.

Licue hasta obtener la consistencia deseada, agregando gradualmente el líquido de garbanzos.

Colocar en el refrigerador hasta que esté listo para servir. Adorne con cilantro fresco.

Sirva con pan naan o palitos de verduras, si lo desea. ¡Disfrutar!

Dip de zanahoria y frijoles horneados

(Listo en unos 55 minutos | 10 porciones)

Por porción: Calorías: 121; Grasa: 8,3 g; Carbohidratos: 11,2 g; Proteína: 2,8 g

Ingredientes

1 ½ libras de zanahorias, picadas

2 cucharadas de aceite de oliva

4 cucharadas de tahini

8 onzas de frijoles cannellini, escurridos

1 cucharadita de ajo picado

2 cucharadas de jugo de limón

2 cucharadas de salsa de soja

Sal marina y pimienta negra molida al gusto.

1/2 cucharadita de pimentón

1/2 cucharadita de eneldo seco

1/4 taza de pepitas asadas

Direcciones

Comience precalentando el horno a 390 grados F. Forre una bandeja para hornear con papel pergamino.

Ahora mezcle las zanahorias con aceite de oliva y colóquelas en la bandeja para hornear preparada.

Hornea las zanahorias durante unos 50 minutos o hasta que estén tiernas. Transfiera las zanahorias asadas al bol de un procesador de alimentos.

Agrega tahini, frijoles, ajo, jugo de limón, salsa de soja, sal, pimienta negra, pimentón y eneldo. Licue hasta que la salsa esté suave y cremosa.

Adorne con pepitas tostadas y sirva con la cacerola de su elección. ¡Disfrutar!

Sushi de calabacín fácil y rápido

(Listo en unos 10 minutos | 5 porciones)

Por porción: Calorías: 129; Grasa: 6,3 g; Carbohidratos: 15,9 g; Proteína: 2,5 g

Ingredientes

1 taza de arroz cocido

1 zanahoria rallada

1 cebolla pequeña, rallada

1 aguacate, picado

1 diente de ajo picado

Sal marina y pimienta negra molida al gusto.

1 calabacín mediano, cortado en tiras

Salsa wasabi, para servir

Direcciones

En un bol mezcla bien el arroz, la zanahoria, la cebolla, el aguacate, el ajo, la sal y la pimienta negra.

Divida el relleno entre las tiras de calabacín y extiéndalo uniformemente. Enrolla los calabacines y sírvelos con salsa wasabi.

¡Disfrutar!

Tomates Cherry Con Hummus

(Listo en unos 10 minutos | 8 porciones)

Por porción: Calorías: 49; Grasa: 2,5 g; Carbohidratos: 4,7 g; Proteína: 1,3g

Ingredientes

1/2 taza de hummus, preferiblemente casero

2 cucharadas de mayonesa vegana

1/4 taza de cebollino picado

16 tomates cherry, quitarles la pulpa

2 cucharadas de cilantro fresco picado

Direcciones

Mezcle bien el hummus, la mayonesa y el cebollino en un bol.

Divida la mezcla de hummus entre los tomates. Adorne con cilantro fresco y sirva.

¡Disfrutar!

champiñones al horno

(Listo en unos 20 minutos | 4 porciones)

Por porción: Calorías: 136; Grasa: 10,5 g; Carbohidratos: 7,6 g; Proteínas: 5,6g

Ingredientes

1 ½ libras de champiñones, limpios

3 cucharadas de aceite de oliva

3 dientes de ajo, picados

1 cucharadita de orégano seco

1 cucharadita de albahaca seca

1/2 cucharadita de romero seco

Sal kosher y pimienta negra molida al gusto

Direcciones

Mezclar los champiñones con los ingredientes restantes.

Coloca los champiñones en una bandeja para horno forrada con papel de horno.

Hornee los champiñones en un horno precalentado a 420 grados F durante unos 20 minutos o hasta que estén suaves y fragantes.

Disponer los champiñones en un plato y servir con palitos de cóctel. ¡Disfrutar!

chips de col rizada con queso

(Listo en 1 hora 30 minutos aproximadamente | Rinde para 6 personas)

Por porción: Calorías: 121; Grasa: 7,5 g; Carbohidratos: 8,4 g; Proteína: 6,5 g

Ingredientes

1/2 taza de semillas de girasol, remojadas durante la noche y escurridas

1/2 taza de anacardos, remojados durante la noche y escurridos

1/3 taza de levadura nutricional

2 cucharadas de jugo de limón

1 cucharadita de cebolla en polvo

1 cucharadita de ajo en polvo

1 cucharadita de pimentón

Sal marina y pimienta negra molida al gusto.

1/2 taza de agua

4 tazas de col rizada, cortada en trozos

Direcciones

En un procesador de alimentos o licuadora de alta velocidad, mezcle las semillas de girasol crudas, los anacardos, la levadura nutricional, el jugo de limón, la cebolla en polvo, el ajo en polvo, el pimentón, la sal, la pimienta negra molida y el agua hasta que estén bien combinados.

Vierta la mezcla sobre las hojas de col rizada y revuelva hasta que esté bien cubierta.

Hornee en un horno precalentado a 220 grados F durante aproximadamente 1 hora y 30 minutos o hasta que esté crujiente.

¡Disfrutar!

Barquitos de aguacate con hummus

(Listo en unos 10 minutos | 4 porciones)

Por porción: Calorías: 297; Grasa: 21,2 g; Carbohidratos: 23,9 g; Proteína: 6g

Ingredientes

1 cucharada de jugo de limón fresco

2 aguacates maduros, partidos por la mitad y sin semillas

8 onzas de hummus

1 diente de ajo picado

1 tomate mediano picado

Sal marina y pimienta negra molida al gusto.

1/2 cucharadita de cúrcuma en polvo

1/2 cucharadita de pimienta de cayena

1 cucharada de tahini

Direcciones

Espolvorea las mitades de aguacate con jugo de limón fresco.

Mezcla hummus, ajo, tomate, sal, pimienta negra, cúrcuma, pimienta de cayena y tahini. Vierte el relleno en el aguacate.

Servir inmediatamente.

Champiñones Rellenos De Nachos

(Listo en unos 25 minutos | 5 porciones)

Por porción: Calorías: 210; Grasa: 13,4 g; Carbohidratos: 17,7 g; Proteínas: 6,9g

Ingredientes

1 taza de chips de tortilla, triturados

1 taza de frijoles negros cocidos o enlatados, escurridos

4 cucharadas de mantequilla vegana

2 cucharadas de tahini

4 cucharadas de cebollino picado

1 cucharadita de ajo picado

1 chile jalapeño, picado

1 cucharadita de orégano mexicano

1 cucharadita de pimienta de cayena

Sal marina y pimienta negra molida al gusto.

15 champiñones medianos, limpios y sin tallo

Direcciones

Mezcle bien todos los ingredientes, excepto los champiñones, en un bol.

Divide la mezcla de nachos entre tus champiñones.

Hornee en horno precalentado a 350 grados F durante unos 20 minutos o hasta que estén tiernos y bien cocidos. ¡Disfrutar!

Wraps de lechuga con hummus y aguacate

(Listo en unos 10 minutos | Rinde para 6 personas)

Por porción: Calorías: 115; Grasa: 6,9 g; Carbohidratos: 11,6 g; Proteínas: 2,6g

Ingredientes

1/2 taza de humus

1 tomate picado

1 zanahoria rallada

1 aguacate mediano, sin semillas y cortado en cubitos

1 cucharadita de vinagre blanco

1 cucharadita de salsa de soja

1 cucharadita de sirope de agave

1 cucharada de salsa Sriracha

1 cucharadita de ajo picado

1 cucharadita de jengibre recién rallado

Sal kosher y pimienta negra molida al gusto

1 cabeza de lechuga mantecosa, dividida en hojas

Direcciones

Mezcla bien el hummus, el tomate, la zanahoria y el aguacate. Combine vinagre blanco, salsa de soja, jarabe de agave, salsa Sriracha, ajo, jengibre, sal y pimienta negra.

Dividir el relleno entre las hojas de lechuga, enrollarlas y servir con la salsa a un lado.

¡Disfrutar!

Coles de Bruselas asadas

(Listo en unos 35 minutos | Sirve para 6 personas)

Por porción: Calorías: 151; Grasa: 9,6 g; Carbohidratos: 14,5 g; Proteína: 5,3 g

Ingredientes

2 libras de coles de Bruselas

1/4 taza de aceite de oliva

Sal marina gruesa y pimienta negra molida al gusto

1 cucharadita de hojuelas de pimiento rojo

1 cucharadita de orégano seco

1 cucharadita de perejil seco

1 cucharadita de semillas de mostaza

Direcciones

Mezcle las coles de Bruselas con los ingredientes restantes hasta que estén bien cubiertas.

Hornee las verduras en un horno precalentado a 400 grados F durante unos 35 minutos, revolviendo a la mitad del tiempo de horneado.

Probar, sazonar al gusto y servir caliente. ¡Disfrutar!

Poppers de camote poblano

(Listo en unos 25 minutos | 7 porciones)

Por porción: Calorías: 145; Grasa: 3,6 g; Carbohidratos: 24,9 g; Proteína: 5,3 g

Ingredientes

1/2 libra de coliflor, pelada y cortada en cubitos

1 libra de batatas, peladas y cortadas en cubitos

1/2 taza de leche de anacardo, sin azúcar

1/4 taza de mayonesa vegana

1/2 cucharadita de curry en polvo

1/2 cucharadita de pimienta de cayena

1/4 cucharadita de eneldo seco

Pimienta negra y molida al gusto

1/2 taza de pan rallado fresco

14 chiles poblanos frescos, cortados por la mitad y sin semillas

Direcciones

Cocine al vapor la coliflor y las batatas durante unos 10 minutos o hasta que estén tiernas. Ahora mézclalos con leche de anacardo.

Agrega mayonesa vegana, curry en polvo, pimienta de cayena, eneldo, sal y pimienta negra.

Vierte la mezcla sobre los pimientos y espolvorea con pan rallado.

Hornee en un horno precalentado a 400 grados F durante unos 13 minutos o hasta que los pimientos estén tiernos.

¡Disfrutar!

Chips de calabacín al horno

(Listo en aproximadamente 1 hora 30 minutos | 7 porciones)

Por porción: Calorías: 48; Grasa: 4,2 g; Carbohidratos: 2 g; Proteínas: 1,7g

Ingredientes

1 libra de calabacín, cortado en rodajas de 1/8 de pulgada de grosor

2 cucharadas de aceite de oliva

1/2 cucharadita de orégano seco

1/2 cucharadita de albahaca seca

1/2 cucharadita de hojuelas de pimiento rojo

Sal marina y pimienta negra molida al gusto.

Direcciones

Mezclar los calabacines con los ingredientes restantes.

Coloque las rodajas de calabacín en una sola capa sobre una bandeja para hornear forrada con papel pergamino.

Hornee a 235 grados F durante unos 90 minutos hasta que estén crujientes y doradas. Los chips de calabacín quedarán crujientes a medida que se enfríen.

¡Disfrutar!

auténtica salsa libanesa

(Listo en unos 10 minutos | 12 porciones)

Por porción: Calorías: 117; Grasa: 6,6 g; Carbohidratos: 12,2 g; Proteínas: 4,3 g

Ingredientes

2 latas (15 onzas) de garbanzos/garbanzos

4 cucharadas de jugo de limón

4 cucharadas de tahini

2 cucharadas de aceite de oliva

1 cucharadita de pasta de jengibre y ajo

1 cucharadita de mezcla libanesa de 7 especias

Sal marina y pimienta negra molida al gusto.

1/3 taza de garbanzos líquidos

Direcciones

Combine los garbanzos, el jugo de limón, el tahini, el aceite de oliva, la pasta de jengibre y ajo y las especias en una licuadora o procesador de alimentos.

Licue hasta obtener la consistencia deseada, agregando gradualmente el líquido de garbanzos.

Colocar en el refrigerador hasta que esté listo para servir. Si lo deseas, sírvelo con palitos de verduras. ¡Disfrutar!

Albóndigas de avena veganas

(Listo en unos 15 minutos | 4 porciones)

Por porción: Calorías: 284; Grasa: 10,5 g; Hidratos de carbono: 38,2 g; Proteínas: 10,4g

Ingredientes

1 taza de avena

1 taza de garbanzos cocidos o enlatados

2 dientes de ajo picados

1 cucharadita de cebolla en polvo

1/2 cucharadita de comino en polvo

1 cucharadita de hojuelas de perejil seco

1 cucharadita de mejorana seca

1 cucharada de semillas de chía remojadas en 2 cucharadas de agua

Unas gotas de humo líquido.

Sal marina y pimienta negra recién molida al gusto.

2 cucharadas de aceite de oliva

Direcciones

Mezclar bien los ingredientes excepto el aceite de oliva. Mezcle para combinar bien, luego forme bolas uniformes con la mezcla con las manos engrasadas.

Luego calienta el aceite de oliva en una sartén antiadherente a fuego medio. Una vez calientes, sofreír las albóndigas durante unos 10 minutos hasta que estén doradas por todos lados.

Coloca las albóndigas en un plato y sírvelas con palitos de cóctel. ¡Disfrutar!

Barcos de pimiento con salsa de mango

(Listo en unos 5 minutos | 4 porciones)

Por porción: Calorías: 74; Grasas: 0,5 g; Carbohidratos: 17,6 g; Proteína: 1,6 g

Ingredientes

1 mango, pelado, sin semillas y cortado en cubitos

1 chalota pequeña, picada

2 cucharadas de cilantro fresco, picado

1 chile rojo, sin semillas y picado

1 cucharada de jugo de limón fresco

4 pimientos, sin semillas y cortados por la mitad

Direcciones

Mezclar bien el mango, la chalota, el cilantro, el pimiento rojo y el jugo de lima.

Vierta la mezcla en las mitades de pimiento y sirva inmediatamente.

¡Disfrutar!

Floretes de brócoli picantes con romero

(Listo en unos 35 minutos | Sirve para 6 personas)

Por porción: Calorías: 135; Grasa: 9,5 g; Carbohidratos: 10,9 g; Proteínas: 4,4 g

Ingredientes

2 libras de floretes de brócoli

1/4 taza de aceite de oliva virgen extra

Sal marina y pimienta negra molida al gusto.

1 cucharadita de pasta de jengibre y ajo

1 cucharada de romero fresco picado

1/2 cucharadita de ralladura de limón

Direcciones

Mezcle el brócoli con los ingredientes restantes hasta que esté bien cubierto.

Hornee las verduras en un horno precalentado a 400 grados F durante unos 35 minutos, revolviendo a la mitad del tiempo de horneado.

Probar, sazonar al gusto y servir caliente. ¡Disfrutar!

Chips crujientes de remolacha al horno

(Listo en unos 35 minutos | Sirve para 6 personas)

Por porción: Calorías: 92; Grasa: 9,1 g; Carbohidratos: 2,6 g; Proteína: 0,5 g

Ingredientes

2 remolachas rojas, peladas y cortadas en rodajas de 1/8 de pulgada

1/4 taza de aceite de oliva

Sal marina y pimienta negra molida al gusto.

1/2 cucharadita de hojuelas de pimiento rojo

Direcciones

Mezclar las rodajas de remolacha con los ingredientes restantes.

Coloque las rodajas de remolacha en una sola capa sobre una bandeja para hornear forrada con papel pergamino.

Hornee a 400 grados F durante unos 30 minutos hasta que estén crujientes. ¡Disfrutar!

Salsa de hierbas para el Día de Acción de Gracias

(Listo en unos 20 minutos | Sirve para 6 personas)

Por porción: Calorías: 165; Grasa: 1,6 g; Hidratos de carbono: 33,8 g; Proteínas: 6,8g

Ingredientes

3 tazas de caldo de verduras

1 ½ tazas de arroz integral, cocido

6 onzas de champiñones cremini, picados

1 cucharadita de albahaca seca

1 cucharadita de orégano seco

1/2 cucharadita de romero seco

1/2 cucharadita de tomillo seco

1/2 cucharadita de ajo picado

1/4 taza de leche de almendras natural sin azúcar

Sal marina y pimienta negra recién molida

Direcciones

Hierva el caldo de verduras a fuego medio; agregue el arroz y los champiñones y reduzca el fuego a fuego lento.

Cocine a fuego lento durante unos 12 minutos hasta que los champiñones estén suaves. Alejar del calor.

Luego licue la mezcla hasta que quede suave y cremosa.

Agrega el resto de los ingredientes y calienta la salsa a fuego medio hasta que todo esté cocido.

Sirva con puré de papa o vegetales de su elección. ¡Disfrutar!

Especias de pepinillo de la abuela

(Listo en unos 15 minutos + tiempo de enfriamiento | 9 porciones)

Por porción: Calorías: 45; Grasas: 0g; Carbohidratos: 10,2 g; Proteína: 0,3 g

Ingredientes

3 tazas de pepinillo finamente picado

1 taza de cebolla blanca finamente picada

1 cucharadita de sal marina

1/3 taza de vinagre blanco destilado

1/4 cucharadita de semillas de mostaza

1/3 taza de azúcar

1 cucharada de arrurruz en polvo, disuelto en 1 cucharada de agua

Direcciones

Coloque el pepinillo, la cebolla y la sal en un colador colocado sobre un bol; colar durante unas horas. Exprima la mayor cantidad de líquido posible.

Llevar a ebullición el vinagre, la mostaza y el azúcar; agregue 1/3 de cucharadita de sal marina y deje hervir hasta que el azúcar se disuelva.

Agregue la mezcla de maíz y cebolla y continúe cocinando a fuego lento durante 2 a 3 minutos más. Agregue la mezcla de arrurruz en polvo y continúe cocinando a fuego lento durante 1 a 2 minutos más.

Transfiera el aderezo a un bol y póngalo en el frigorífico, descubierto, durante unas 2 horas. ¡Disfrutar!

Chutney de manzana y arándanos

(Listo en aproximadamente 1 hora | 7 porciones)

Por porción: Calorías: 208; Grasas: 0,3 g; Carbohidratos: 53 g; Proteína: 0,6 g

Ingredientes

1 ½ libras de manzanas cocidas, peladas, sin corazón y cortadas en cubitos

1/2 taza de cebolla dulce picada

1/2 taza de vinagre de manzana

1 naranja grande, recién exprimida

1 taza de azúcar moreno

1 cucharadita de semillas de hinojo

1 cucharada de jengibre fresco, pelado y rallado

1 cucharadita de sal marina

1/2 taza de arándanos secos

Direcciones

Coloque en una olla las manzanas, la cebolla dulce, el vinagre, el jugo de naranja, el azúcar moreno, las semillas de hinojo, el jengibre y la sal. Lleva la mezcla a ebullición.

Llevar a ebullición inmediatamente; calentar; Continúe cocinando a fuego lento, revolviendo ocasionalmente, durante unos 55 minutos, hasta que se absorba la mayor parte del líquido.

Deje enfriar y agregue los arándanos secos. Guárdelo en el refrigerador por hasta 2 semanas.

¡Disfrutar!

Mantequilla De Manzana Casera

(Listo en unos 35 minutos | 16 porciones)

Por porción: Calorías: 106; Grasas: 0,3 g; Hidratos de carbono: 27,3 g; Proteína: 0,4 g

Ingredientes

5 libras de manzanas, peladas, sin corazón y cortadas en cubitos

1 taza de agua

2/3 taza de azúcar morena granulada

1 cucharada de canela molida

1 cucharadita de clavo molido

1 cucharada de esencia de vainilla

Una pizca de nuez moscada recién rallada

pizca de sal

Direcciones

Agregue las manzanas y el agua a una olla de fondo grueso y cocine por unos 20 minutos.

Luego triture las manzanas cocidas con un machacador de patatas; Mezcle el azúcar, la canela, el clavo, la vainilla, la nuez moscada y la sal con el puré de manzana; revuelva para combinar bien.

Continúe cocinando a fuego lento hasta que la mantequilla espese hasta alcanzar la consistencia deseada.

¡Disfrutar!

mantequilla de maní casera

(Listo en unos 5 minutos | 16 porciones)

Por porción: Calorías: 144; Grasa: 9,1 g; Carbohidratos: 10,6 g; Proteínas: 6,9g

Ingredientes

1 ½ tazas de maní, blanqueados

Una pizca de sal gruesa

1 cucharada de sirope de agave

Direcciones

En un procesador de alimentos o licuadora de alta velocidad, procesa el maní hasta que esté molido. Luego procese durante otros 2 minutos, raspando los lados y el fondo del tazón.

Agrega sal y sirope de agave.

Enciende la máquina por otros 2 minutos o hasta que la mantequilla esté completamente cremosa y suave.

¡Disfrutar!

Crema de pimientos asados

(Listo en unos 10 minutos | 10 porciones)

Por porción: Calorías: 111; Grasa: 6,8 g; Carbohidratos: 10,8 g; Proteínas: 4,4 g

Ingredientes

2 pimientos rojos asados y sin semillas

1 chile jalapeño, asado y sin semillas

4 onzas de tomates secados al sol en aceite, escurridos

2/3 taza de semillas de girasol

2 cucharadas de cebolla picada

1 diente de ajo

1 cucharada de mezcla de hierbas mediterráneas

Sal marina y pimienta negra molida al gusto.

1/2 cucharadita de cúrcuma en polvo

1 cucharadita de comino molido

2 cucharadas de tahini

Direcciones

Coloque todos los ingredientes en el bol de una licuadora o procesador de alimentos.

Procese hasta que esté cremoso, uniforme y suave.

Guárdelo en un recipiente hermético en el refrigerador por hasta 2 semanas. ¡Disfrutar!

www.ingramcontent.com/pod-product-compliance
Lightning Source LLC
Chambersburg PA
CBHW071857110526
44591CB00011B/1442